Meike Hensel-Grobe

Problemorientierung im Geschichtsunterricht

Meike Hensel-Grobe

Problemorientierung im Geschichtsunterricht

WOCHEN
SCHAU
VERLAG

Bibliografische Information der Deutschen Nationalbibliothek

Die Deutsche Nationalbibliothek verzeichnet diese Publikation in der Deutschen Nationalbibliografie; detaillierte bibliografische Daten sind im Internet unter http://dnb.d-nb.de abrufbar.

Die Qualität der in dieser Reihe erscheinenden Bände wird vor der Publikation in einem offenen Peer-Review-Verfahren durch das Herausgebergremium – gegebenenfalls in Verbindung mit externen, vom Herausgebergremium benannten Gutachtern – geprüft.

www.wochenschau-verlag.de

Titelgestaltung: Ohl Design
Titelbild: Aliaksandr, adobe stock
Gesamtherstellung: Wochenschau Verlag
Gedruckt auf chlorfrei gebleichtem Papier
ISBN 978-3-7344-1089-5 (Buch)
E-Book ISBN 978-3-7344-1090-1 (PDF)

Inhalt

Einleitung

Die Problemorientierung wird in vielen Lehrplänen für das Fach Geschichte als selbstverständliches Grundprinzip benannt. Jenseits eines Grundkonsenses bezüglich der Bedeutung zeigen sich unterschiedliche Auffassungen bei der Frage, was „Problemorientierter Geschichtsunterricht" (POGU) genau ist. So wird er in einem „Handbuch für Unterrichtsmethodik" neben der Handlungsorientierung als eines von zwei „unterrichtsmethodische(n) Strukturierungskonzepte(n)" (Demantowsky 2015, S. 61 ff.), in einem anderen Handbuch gemeinsam mit u.a. Multiperspektivität, Gegenwartsbezug und Projektarbeit unter „Prinzipien" (Barricelli 2007, S. 78 ff.) und in einem dritten unter „Kommunikation und Interaktion im Geschichtsunterricht" (Hensel-Grobe 2012, S. 50 ff.) eingeordnet. Auch wenn in früheren Veröffentlichungen bereits eine dreifache Verortung als Unterrichtsstrategie, Arbeitsform und Erkenntnisweise angesprochen wurde (Pandel 1990, S. 11), zeigen die genannten Einordnungen und die vielfältigen Ausgestaltungen in der Praxis auf, wie unterschiedlich der POGU in seiner Funktion und Konzeptualisierung wahrgenommen wird. In diesem Band wird die Problemorientierung als eine Basiskategorie von Geschichtsunterricht definiert, die sich eignet, um verschiedene Strukturierungsansätze, historische Erkenntnisverfahren und Lehr-Lern-Konzepte unter einem gemeinsamen Dach zu vereinigen und dabei die Schülerinnen und Schüler mit ihrem Lernen in den Mittelpunkt zu stellen.[1] Probleme werden im Folgenden als komplexe Herausforderungen verstanden, die zum aktiven historischen Arbeiten auffordern, weil sie gesellschaftlich relevant sind. Sie können erst durch einen historischen Erkenntnisprozess adäquat erarbeitet werden. Sie haben keine einfache Lösung, sondern provozieren zu neuen Fragen und eröffnen damit einen Rahmen, der unter Umständen mehrere Stunden (d.h. verschiedene Stundentypen und Methoden) umschließt. Daher wird der unterrichtspraktische Aspekt nicht auf Einzelstunden und ein einfaches, immer wiederkehrendes Strukturierungsverfahren eingegrenzt, sondern auch auf Unterrichtsreihen und Projekte bezogen. So soll die Problemorientierung zu einer Problembasierung weitergeführt werden.

Der Band wendet sich vor allem an jene, die noch wenig Erfahrung haben, d.h. an junge Lehrerinnen und Lehrer, Referendare und Referendarinnen, an Lehramtsanwärter und auch an fachfremd unterrichtende Lehrkräfte.[2] Zunächst werden in einem ersten Kapitel Grundlagen aus der geschichtsdidaktischen Theorie skizziert. Das umfasst u.a. Ziele und Lehr-Lern-Konzepte, die für das Verständnis eines nicht-schematischen, sondern dynamischen Prinzips der Problemorientierung bzw. -basierung wichtig sind. Die jeweils zugrundeliegenden, meist in ihren eigenen Forschungsbezügen elaboriert ausgearbeiteten Theoriefelder können in diesem Band nicht angemessen dargestellt werden. Es werden lediglich jene Aspekte genannt, die für die Themenstellung eine besondere Rolle spielen.

Problemorientiertes Lernen benötigt unterschiedliche Rahmensetzungen im Unterrichtsalltag; davon handelt Kapitel 2. Eine Umsetzungsmöglichkeit sind Einzelstunden, in denen eine klare Phasierung den Unterricht gliedert und rhythmisiert (Kap. 2.1). Dies genügt aber nicht, um das Prinzip wirklich fachspezifisch ausdifferenzieren. Dazu sind Unterrichtsreihen notwendig, die von einer Problemstellung gerahmt und geleitet werden (Kap. 2.2). Unter diesem übergreifenden Horizont können spezifisch historische Fragen, z.B. nach Kontinuität und Wandel, nach Ursache-Wirkungs-Konstellationen und nach historischen Perspektiven und ihren Kontexten gestellt werden, ohne dass der Bezug zur Problemstellung verloren geht. In einem weiteren Schritt wird die Problembasierung als Lehr-Lern-Konzept zur weiteren Förderung eines eigenständigen und situierten Lernens im Fach in ihrem Aufbau und in ihren Zielsetzungen erläutert (Kap. 2.3).

Das größte Kapitel ist den unterschiedlichen Problemkategorien und -typen gewidmet (Kap. 3). Es geht um die Frage, wie die jeweilige Problemsetzung das historische Denken der Schüler fördern kann und sie bei der Konstruktion von Lernprozessen unterstützt. Aus diesem Grund werden Ergebnisse aus empirischen Studien eingeflochten, in denen Schülervorstellungen bzw. Prä-Konzepte von Lernenden untersucht wurden. So können die Überlegungen zur Konzeptentwicklung konkretisiert und mit den entsprechenden Problemstellungen im Unterricht verknüpft werden. Die Ausführungen liefern aber nur Ideen, wie die Schülerkonzepte eventuell geprägt oder entwickelt sein können. Sie sollen keineswegs darüber hinwegtäuschen, dass die Diagnose der Prä-Konzepte und des Kompetenzstandes eine hohe Bedeutung für einen guten Geschichtsunterricht hat. Erst auf Basis einer zuverlässigen Diagnose lassen sich geeignete Lernarrangements und Problemstellungen für die jeweilige Lerngruppe entwickeln.

Abschließend werden einige Aspekte der Unterrichtsplanung und -gestaltung, vor allem in Bezug auf die Aufgaben- und Kommunikationskultur, aufgegriffen bzw. vertieft (Kap. 4). Zunächst geht es um Schülerfragen, bevor auf die Gestaltung von Arbeitsaufträgen und Lernaufgaben sowie auf die Konzeption von (alltags-)problembasierten Projekten eingegangen wird. Der zweite Teil des Kapitels ist dem Lesen, Schreiben und Erzählen zugeordnet.

1. Grundlagen und Überblick

1.1 Eine kurze Geschichte der Problemorientierung

„Diese Unterrichtskonzeption lehnt es ab, Fertigkost zu verabreichen; sie will die Lernenden vielmehr historische Einsichten gewinnen lassen, zu denen sie durch eigenes Suchen und Forschen, d.i. problembewusstes Erkennen gelangen." (Uffelmann 1997, 282)

Die Problemorientierung ist als didaktische Kategorie gut erschließbar, wenn man sie zunächst in die Geschichte der Geschichtsdidaktik einordnet. Geschichte wurde lange Zeit als Paukfach unterrichtet. Die geeignete Vermittlung eines Wissenskanons stand im Vordergrund, sodass der didaktische Fokus auf der Instruktion und Repetition lag. Es gab einige Reformansätze, aber eine umfassende paradigmatische Wende kündigte sich – wie in anderen Fächern auch – erst in den 1960/70er Jahren an. Die Frage nach der Relevanz des Faches Geschichte und seiner Themen im Hinblick auf den Beitrag zum übergreifenden Bildungsziel der Mündigkeit rückte in den Vordergrund. Damit änderten sich auch die didaktischen Modelle, indem etwa Impulse aus der Lernpsychologie integriert wurden. Das aktive Lernen der Schülerinnen und Schüler fand mehr Beachtung. Damit einher ging eine besondere Aufmerksamkeit für die Kommunikationsprozesse im Unterricht und für den Aufbau von Denkoperationen, die „ausgehend von früheren Denkelementen" (Aebli 1970, S. 76) durch ein aktives Tun im Fach, nicht eine reine Rezeption, gefördert werden sollten. Die Diskussionen in der Didaktik gingen damals Hand in Hand mit Neuansätzen in der historischen Forschung. Im Zuge der sozialgeschichtlichen Wende wurde in den 1960/70er Jahren heftige Kritik am Historismus geübt. Die Geschichtswissenschaft wandte sich neuen epistemologischen Ausrichtungen zu. Man stellte vor allem Strukturen und Prozesse vermehrt in den Mittelpunkt und entwickelte die Narrationen ausgehend von (Gegenwarts-)Fragen (Depkat 2011, S. 22–23).

Die Konzeptualisierung der Problemorientierung für das Fach wurde vor allem durch Uwe Uffelmann (1937–2008) geprägt. Er differenzierte fachspezifische Zugriffe für den Geschichtsunterricht aus und präsentierte Praxisbeispiele (z.B. Uffelmann 1999a, S. 149–166). Weitere Impulse kamen etwa von Heinz Dieter Schmid (1970) und Wolfgang Hug (1977), die ähnlich wie Uwe Uffelmann Schülerfragen an die Geschichte in den Vordergrund stellten. Diese Fragen sollten durch Erkenntnisarbeit an Quellen beantwortet werden. Dem liegt die Grundannahme zugrunde, dass jedes Individuum Vorstellungen von Geschichte hat, die sich zum einen aus seinen lebensgeschichtlichen Erfahrungen und zum anderen aus Geschichtsdeutungen generieren, mit denen das Individuum im Laufe seines Lebens in Kultur und Gesellschaft konfrontiert wird. Dementsprechend sollte der Geschichtsunterricht auf den komplexen Fragebündeln der Schüler oder Schülerinnen aufgebaut werden, jene zur Erkenntnisarbeit herausfordern und auf die Entwicklung von Haltungen abzielen. So wurde ein neuer Ansatz generiert, der nicht einem bestimmten Zugriff, wie Lernzielorientierung oder Wissenschaftsorientierung, alleine zuzuordnen war, sondern der andere didaktische Prinzipien (Multiperspektivität, Gegenwartsbezug) integrieren konnte.

In der Ausdifferenzierung einer Geschichtsmethodik für den Unterricht systematisierte Hilke Günther-Arndt 2007 unterschiedliche Zugriffe und gruppierte die Problemorientierung und die Handlungsorientierung als zwei Grundkonzepte der unterrichtsmethodischen Strukturierung ein (Günther Arndt 2015, S. 9–23; Demantowsky 2015, S. 61–74). Gedankenführend war dabei das Anliegen, die Zielmodi – inhaltsbezogene und methodenbezogene Lernziele – „pragmatisch stärker zu trennen“, um der Bedeutung beider damit letztendlich gerechter zu werden (Demantowsky 2015, S. 63). Das elaborierte Methodensystem Günther-Arndts trug maßgeblich zu einer didaktischen Ausschärfung von Unterrichtsplanung bei. Für den eigentlich weit gefassten Ansatz, den Uffelmann mit dem

„geistige(n) Gitternetz" für die Problemorientierung angedacht hatte, bedeutete dies einerseits eine Einengung, andererseits eine Profilierung. Das Strukturierungsverfahren aus Problemformulierung, Problembearbeitung und Problemdiskussion (Demantowsky 2015, S. 67) etablierte sich als wichtige Planungshilfe für Geschichtsunterricht. Dies hing auch damit zusammen, dass die Kritik an der „Problemfindung" (Uffelmann 1999b, S. 23), aufgegriffen und so konturiert wurde, dass der „schmale Grat zwischen produktiver Schülerorientierung und Instrumentalisierung subjektiver Befindlichkeit" besser austariert und der Konstruktcharakter in den Vordergrund gerückt wurde (Demantowsky 2015, S. 66).

Dennoch wurde (und wird) die Problemorientierung von vielen Lehrern kritisiert, wenn auch nicht ganz grundsätzlich verworfen. Sie galt lange Zeit als wenig alltagstauglich, eher als Konzept für besondere Einzelstunden, wie sie beispielsweise im Referendariat gezeigt werden sollen. Dies ist auch eine Folge der oben beschriebenen Einengung eines vielfältigen Ansatzes. Es entwickelte sich ein recht starres, immer wiederkehrendes Einzelstunden-Schema, das ein eigenständiges historisches Denken der Schüler und Schülerinnen nur zu einem gewissen Maße fördern konnte. Die lernzielorientierten Lehrpläne, die meist im Vergleich zur Unterrichtszeit zu umfangreiche Themenkataloge vorgaben, erschwerten das problembezogene Arbeiten zudem und förderten die additive Konzeption.

Die Debatte um die Kompetenzorientierung, die in Deutschland vor allem nach dem so genannten PISA-Schock an Schwung gewann, brachte neue Entwicklungen. Die Schulbildung wurde in den Diskussionen um grundsätzliche Ausrichtungen vermehrt auf ein *literacy*-Konzept konzentriert, das auf Welterschließung in je unterschiedlichen Zugriffen abzielte und dazu vor allem die Problemlösefähigkeit in verschiedenen Domänen als das Ziel von Bildungsarbeit definierte (Klieme et al. 2003; Mayer/Wittrock 1996). Mit den dann beginnenden Debatten um historische Kompetenzen und der Ausrichtung des Geschichtsunterrichts auf das „Historische Denken" rückte die Problemorientierung auch im Unterrichtsalltag von der Peripherie ins Zentrum. So formulieren Lehrpläne heute mit einer gewissen Selbstverständlichkeit, dass Geschichtsunterricht problemorientiert sein muss (z.B. LP Sachsen, Gymnasium, S. IX). Die Weiterführungen zeigen in der Regel auf, dass damit keine Festschreibung eines Strukturierungsverfahrens gemeint sein kann. Nur ein weit gefasstes didaktisches Grundprinzip lässt es zu, den Regelkreis des historischen Denkens in den Mittelpunkt eines fachlichen Lernens zu stellen.

1.2 Lernen und Lehren – allgemeine Aspekte

Die Problemorientierung wurde fachübergreifend schon früh in den Kontext (gemäßigt) kognitiv-konstruktivistischer Lerntheorien eingeordnet (vgl. Dubs 1995, S. 890f.). Diese betonen, dass Wissenserwerb als eigenaktiver Aufbau kognitiver Strukturen gedacht werden sollte, der vom Lehrer oder der Lehrerin angeleitet oder unterstützt wird. Die Theorie ist komplexer, dennoch genügt an dieser Stelle eine Zusammenfassung, um die grundsätzliche Idee verdeutlichen zu können.

Denken wird als ein Prozess definiert, der maßgeblich über das Operieren mit Begriffen geformt wird (z.B. Seel, 2003, 23). Dabei geht man davon aus, dass kleine Kinder ihre Vorstellung von der Welt dadurch entwickeln, dass sie ihre Erfahrungen in erste Konzepte einordnen, die zunächst zufriedenstellend für ein Verständnis der Vorgänge um sie herum sind (Vosniadou 2002, Limon 2002). Unter Konzepten versteht man kleine, aber Zusammenhänge aufzeigende Basiseinheiten von Wissen (Rosch 2000). Die ersten, naiven Konzepte werden im Lernen und in der Aneignung der Welt zu komplexen mentalen Modellen erweitert, an neue Erkenntnisse angepasst, revidiert oder teilweise verändert. Dies geschieht eventuell nur oder bevorzugt dann, wenn die Prä-Konzepte als unzureichend empfunden werden. Erweisen sie sich als alltagstauglich oder erfahren sie Bestätigung aus dem Umfeld und der Gesellschaft, werden sie fester verankert und als bewährt abgespeichert. Dies gilt auch für naive, fachlich inadäquate Konzepte, die in einer Weise verinnerlicht und festgeschrieben werden können, die Lernen im Fach verhindert oder zumindest beeinflusst.[3] Geschichte ist im Alltag präsent; Jugendliche werden außerhalb des Unterrichts intensiv mit historischen Deutungen konfrontiert, die Auswirkungen auf ihre Vorstellungen haben können. Die Theorie des *conceptual change* spielt deshalb eine wichtige Rolle, um historisches Denken und historische Kompetenzen im Fachunterricht entwickeln zu können (Günther-Arndt 2006, S. 251; Fenn 2014).

Das von einer Forschergruppe untersuchte Beispiel der Nation kann diese Überlegung illustrieren (Carretero et al. 2011). Nation gehört zu jenen „geschichtlichen Grundbegriffe(n)" (Koselleck et al. 1992), die sich als Fachkonzept deutlich von alltagsweltlichen Vorstellungen unterscheiden. Die Studien Carreteros in Spanien zeigten, dass viele spanische Untersuchungsteilnehmer Nation als eine natürliche und historisch gegebene Realität interpretieren. Diese Vorstellung dominierte bei älteren und jüngeren Untersuchungsteilnehmern gleichermaßen, obwohl im Fachunterricht „Nation" wohl seit einiger Zeit als ein soziales Konstrukt oder kulturell definierte Vorstellung erklärt wird (Carretero et al. 2011, S. 282). Eine Veränderung des Konzeptes ist offensichtlich schwer zu erreichen, weil Alltags- und Fachkonzept weit voneinander abweichen. An diesem Punkt kann die Problemorientierung ansetzen, indem sie den Lehrer auffordert, die Gegenwartserfahrung der Schüler und damit eben auch die so genannten Alltagskonzepte zum Ausgangspunkt von Geschichtsunterricht zu machen. Erst wenn diese Lerndispositionen adäquat ermittelt werden konnten und den Lernenden selbst bewusst wird, dass die naiven Konzepte unzulänglich sind, kann eine Erweiterung oder Veränderung durch historische Erkenntnis erfolgen. Im anderen Fall droht das, was zu den eigenen Vorstellungen nicht passt, verworfen und damit nicht gelernt zu werden (Zülsdorf-Kersting 2011a, S. 67). Deshalb benötigen Schülerinnen und Schüler entsprechende Lerngelegenheiten, die die notwendigen Impulse setzen und angemessene Aufgabenstellungen bieten (Wineburg 1991, S. 73).

Die Steuerung der Lernprozesse ist in dieser Theorie eine zentrale Aufgabe der Lehrkraft. Sie diagnostiziert die Schülervorstellungen zu einem Begriffs- und Fachkonzept und entwickelt mit Aufgabenstellungen und Materialien problemorientierte Lernumgebungen, die die Schüler zum historischen Denken herausfordern, aber nicht überfordern (vgl. hierzu ausführlich Kap. 4.2). Sie regt die Weiterführung der Denkprozesse durch Impulse an, unterstützt durch Feedback und fördert die Reflexion. Die Problemstellungen sollen so gestaltet werden, dass sie eine sinnvolle Einbindung von Instruktions- und Übungsphasen erlauben (Möller 2012, Reinmann/Mandl 2001, S. 625). Dieser Aspekt ist wichtig, denn oft wird in einer Fehldefinition von Problemorientierung die Rolle des Lehrers auf eine Moderatorentätigkeit eingegrenzt oder die Vernachlässigung von deklaratorischem Wissen angeprangert. Mit einer Verortung in einer gemäßigt konstruktivistischen Lerntheorie eröffnet der POGU den geeigneten Rahmen, um lehrergelenkte Phasen sinnvoll mit selbstständigen Schülererarbeitungen zu verknüpfen und den Aufbau von deklaratorischem und prozeduralem Wissen (Anderson/Krathwohl 2001) zu ermöglichen (vgl. Kap. 4.2). Das Problemlösen wurde im Zusammenhang mit dem Aufbau domänenspezifischen Wissens von Seel (2003) in einer „Psychologie des Lernens" verortet. Demnach ist es ein Prozess, der wie folgt aufgebaut ist (Seel 2003, S. 377):

Die „[...] Erzeugung einer mentalen Repräsentation des gestellten Problems, das Planen möglicher Sequenzen von Handlungen (Strategien, Prozeduren), um das Problem zu lösen, das Ausführen des Plans und das Prüfen der Ergebnisse".

1.3 Ziele und Modelle für den Geschichtsunterricht

In der internationalen Geschichtsdidaktik werden unterschiedliche Theorien diskutiert, wie historisches Lernen im Detail konzeptualisiert werden kann. Als Zielsetzungen werden beispielsweise ein reflektiertes und (selbst-)reflexives Geschichtsbewusstsein (Schreiber 2006) und *historical literacy* (Lee 2017) benannt. Die Ansätze teilen zentrale Grundgedanken, haben sich aber aus unterschiedlichen Zugriffen entwickelt und setzen andere Schwerpunkte. Sie bieten je in sich Impulse, die in einem problemorientierten Geschichtsunterricht aufgenommen werden können. Nur auf diese Aspekte soll im Folgenden eingegangen werden. Auf einen Überblick über die Modelle insgesamt wird an dieser Stelle bewusst verzichtet.

1.3.1 Das reflektierte Geschichtsbewusstsein und die Kompetenzen historischen Lernens

Die Theorie des Geschichtsbewusstseins als zentrale Kategorie der Geschichtsdidaktik“ (Jeismann 1977, 1988) wurde aus geschichtsphilosophischen Überlegungen entwickelt, die vor allem den Umgang mit Geschichte in der Fachwissenschaft und in der alltäglichen Lebenspraxis in den Mittelpunkt stellten (Duquette 2015; Rüsen 1983). Die pädagogisch-didaktische Zuspitzung erfolgte mit der Definition des „reflektierten und (selbst-)reflexiven Geschichtsbewusstseins“ (Schreiber 2006, von Borries 2008), die heute weithin in deutschen Lehrplänen als Ziel des Geschichtsunterrichts übernommen wird (z.B. Bildungsplan 2016, Baden-Württemberg, S. 3). Die jeweiligen Kern- und Teilkompetenzen des historischen Lernens, die die abstrakte Zielkategorie aufschlüsseln, werden unterschiedlich beschrieben und zusammengefasst. Sie haben dennoch mit Heuristik, Sachanalyse, Interpretation/Sachurteil, Werturteilsbildung, Metareflexion und Narration einen gemeinsamen Kern (vgl. Waldis et al 2012, S. 142 f.).

An dieser Stelle sei als Beispiel auf das Kompetenz-Struktur-Modell von Peter Gautschi verwiesen, da dieses mehr als andere den Ablauf eines historischen Lernprozesses einbezieht. In dem Modell werden die Kernkompetenzen im Zusammenhang mit den „Dimensionen der Erkenntnisleistungen im Geschichtsbewusstsein“ (Jeismann 1980, S. 209) erklärt. Über eine

Fragestellung, die durch die Wahrnehmung einer Zeitdifferenz angestoßen wird, kann eine „geistige Bewegung zwischen historischen Sachanalysen, Sachurteilen und Werturteilen" entwickelt werden, die sich in einem kriteriengeleiteten historischen Erzählen widerspiegelt. (Gautschi et al. 2009, S. 6). Das Modell setzt somit die historische Narrativität in den Mittelpunkt aller Überlegungen. Die Jugendlichen sollen im Geschichtsunterricht das notwendige Wissen erwerben, das es ihnen erlaubt, a) aus Vergangenheitspartikeln Geschichte anhand einer Fragestellung zu rekonstruieren und b) bereits erzählte Geschichte zu dekonstruieren. Dazu ist eine Einsicht in die fachlichen Methoden und Strategien und eine entsprechende Bereitschaft und Motivation notwendig, den historischen Erkenntnisprozess über Schwierigkeiten hinweg fortzusetzen.

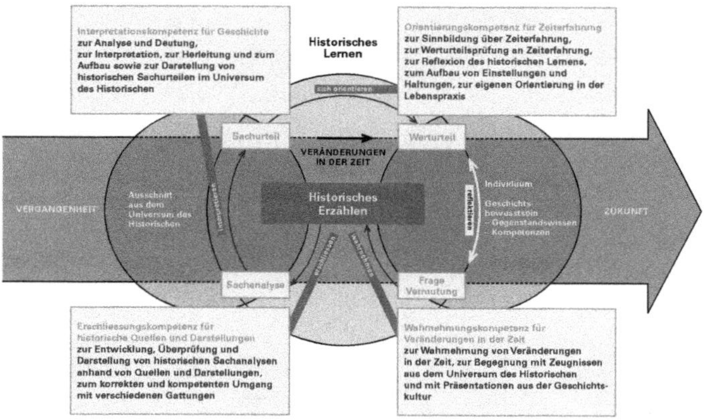

Abb. 1: Kompetenzmodell von P. Gautschi (aus: Gautschi 2009, S. 51).

1.3.2 Historical Literacy und Historical Thinking

Literacy ist ein funktional-pragmatisches Gesamtkonzept, das beispielsweise in den USA und Australien die Lehrpläne prägt. Die literale Grundbildung soll über den Fachunterricht je domänenspezifisch entwickelt werden. Im Mittelpunkt einer *historical literacy* stehen das fundierte historische Argumentieren bzw. die quellenbasierte historische Interpretation als übergreifende Ziele (Monte-Sano et al. 2014, S. 7). In den Diskussionen wird ein besonderes Augenmerk auf das Hinterfragen und Analysieren von Quellen und Darstellungen sowie die Kontextualisierung gelegt. Die Schüler sollen durch anregende Lese- und Schreibaufgaben Begriff- und Fachkonzepte entwickeln und miteinander vernetzen (ebd., S. 8). Auch hier geht es also um das Verständnis für die Konstruktionsprinzipien von Geschichte (Shanahan/Shanahan 2008; Nokes/Siebert 2010). Die Lernenden sollen erfassen, dass Geschichte nicht mit Vergangenheit gleichgesetzt werden kann, sondern als eine durch Kriterien geleitete triftige Erzählung verstanden werden muss. Historische Literalität wird nicht nur fachspezifisch, sondern auch wissenschaftsorientiert definiert. Historiker und Historikerinnen bestimmen das Expertenniveau (Wineburg 1998), ihr Umgang mit Geschichte, z.B. bei Auseinandersetzung mit einer Fragestellung auf Basis von Quellen und Darstellungen, wird mit jenem von Novizen verglichen. Die unterschiedlichen Entwicklungsstände, die im Lernprozess zwischen der Novizen- und der Expertenebene erreicht werden, sowie die Wirksamkeit von Lehrmodellen für eine Konzeptentwicklung werden durch vielfältige Studien erforscht (Seixas 2017, S. 61; van Boxtel/van Drie 2003; Shemilt 1980).

Die theoretische Grundlage ist eine Unterscheidung von historischen Inhalten bzw. Zahlen/Daten/Fakten (*historical particulars*), Begriffskonzepten (z.B. Revolution, Regierung, Herrschaft = *first-order concepts*) und übergreifenden Denkmustern bzw. Meta-Konzepten (*second-order concepts*). Diese beschreiben nicht, worum es in Geschichte geht, sondern wie Geschichte konstruiert oder geschrieben wird. Sie benennen prozedurale, strukturelle und fachspezifische Metarahmen historischer Sinnbildung und definieren darauf aufbauend Progressionen im Historischen Denken (Lee/Ashby 2000, S. 199; Lee/Shemilt 2003).

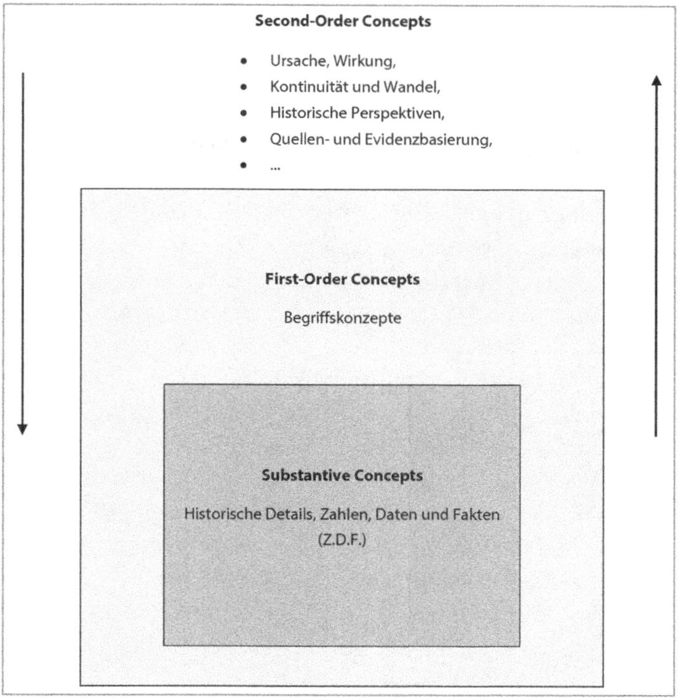

Abb. 2: Drei Konzeptkategorien als Modell der historischen Kognition (vgl. Lee/Ashby 2000; Lee/Shemilt 2003; Seixas/Morton 2013).

Im Folgenden wird die Definition der *second-order concepts* nach Seixas und Morton kurz vorgestellt, da diese Überlegungen bei den Problemkategorien (Kap. 3) eine Rolle spielen (Seixas/Morton 2013).[4] In dem Modell werden sechs Konzepte ausgewiesen, die dem Konstruieren von Geschichte inhärent sind. Die Konzepte werden nicht getrennt gedacht. Vielmehr sind sie als verwobenes Netz zu betrachten, das bei der Lösung von historischen Problemstellungen angewendet wird:

1. Die historische Signifikanz beschäftigt sich mit der Verbindung zwischen der Gegenwart und der Vergangenheit und fragt, warum ein historisches Ereignis oder Phänomen heute

noch von Interesse und Relevanz ist. Dabei geht es u.a. um historische Phänomene, die a) große Veränderungen nach sich zogen (z.B. der Zweite Weltkrieg), b) exemplarisch für zeitgenössische Mentalitäten, Strukturen oder Akteursperspektiven stehen, c) unter Zeitgenossen große Aufmerksamkeit bekamen oder später zu Kristallisationspunkten der gesellschaftlichen Erinnerung wurden. Die Schüler sollen erkennen, dass zu verschiedenen Zeiten unterschiedlich entschieden wurde, was signifikant ist. Sie sollen verstehen, dass Signifikanz individuell und gesellschaftlich konstruiert wird, also einem historischen Ereignis nicht inhärent ist.

2. Die Evidenzbasierung, vor allem die Quellenfundierung, betont den Grundcharakter von Geschichte als Interpretation, die auf Quellenarbeit basiert und an Fragestellungen ausgerichtet ist. Dementsprechend beinhaltet dieser Punkt die Quellenkritik, die Kontextualisierung und den Vergleich mit anderen Quellen und Perspektiven. Die Kategorie beinhaltet auch die Reflexionsfähigkeit für den Rekonstruktionsprozess von Geschichte, beispielsweise in Bezug auf Einschränkungen der Aussagemöglichkeiten auf Grund der Quellenlage.
3. Kontinuität und Wandel setzen sich mit der Grunddimension der Zeit und ihrer Sequenzierung auseinander, die für historische Erzählungen unverzichtbar sind. Dazu gehören die Chronologie, die Periodisierungsansätze sowie die Urteile zu Fortschritt, Entwicklung, Zäsur und Stagnation als Konstruktionsprinzipien einer Geschichtserzählung.
4. Ursache und Wirkung lassen sich mit unserem Prinzip der Multikausalität beschreiben. Es geht also um die Vielfältigkeit der Ursachen und Konsequenzen, um den Einfluss historischer Akteure, um jenen sozialer, politischer, ökonomischer und kultureller Strukturen sowie um unerwartete und unbeabsichtigte Folgen.
5. Historische Perspektiven: In diesem Punkt wird danach gefragt, wie man die Menschen in der Vergangenheit bes-

ser verstehen kann, weil ein „Ozean der Unterschiede“ zwischen den Weltsichten von heute und damals liegt (Seixas/Morton 2013, S. 136). Es geht vor allem darum, *presentism* und Anachronismen zu vermeiden, den historischen Kontext möglichst intensiv zu verstehen und unterschiedliche Perspektiven einzubeziehen (Multiperspektivität).

6. Die ethische Dimension setzt sich mit den impliziten und expliziten Werturteilen in Darstellungen auseinander und fordert die Schüler zu eigenen, aber historisch fundierten Werturteilen auf. Dabei geht es um ähnliche Aspekte, wie bei der methodischen Unterscheidung von Sach- und Werturteil in Anlehnung an Jeismann.

Diesen sechs Fachkonzepten stehen jeweils deutlich einfachere, eventuell intuitive Schülervorstellungen gegenüber, die in vielen empirischen Studien erforscht wurden und werden. Ein Beispiel zur Kausalität, das Hilke Günther-Arndt in die Diskussion einbrachte (2006, S. 256f.), soll dies illustrieren: Schüler und Schülerinnen der Oberstufe sollten die Stadtentwicklung erklären. Die Ausführungen konzentrierten sich, wenn es um Ursachen für Veränderungen ging, auf den Willen von angenommenen Akteuren, deren Entscheidungen mit anachronistischen Vorstellungen, z.B. freie Berufswahl, erklärt wurden. Selbst Strukturen und Institutionen wurden personalisiert, abstraktere Phänomene, wie beispielsweise die Aufklärung, wurden „konkretistisch gedeutet“ (ebd., S. 269): „Und, und erst als das halt auch anfing, so mit der, mit der Aufklärung [...], dass man sich vielleicht auch Gedanken gemacht hat, [...] ob man wirklich was ändern kann und so, ging das wohl auch los, dass man – ja ein paar Bauern sich gesagt haben, ich hab eigentlich keine Lust Bauer zu sein, ich will lieber Tischler sein.“ Entwicklungen wurden in den Erklärungen grundsätzlich als lineare Abfolgen angeordnet.

Geschichtsunterricht hat in der Idee des *historical thinking* die Aufgabe, Wissen zu vermitteln und die *second-order concepts* zu entwickeln. Schüler und Schülerinnen sollen ein fachbezogenes Denkwerkzeug erwerben, das es ihnen erlaubt, mit ihnen unbekannten historischen Themen und Problemstellungen angemessen umzugehen.

1.4 Der problemorientierte Geschichtsunterricht

Bezieht man die Grundlagen zum Aufbau von Lernprozessen, zur Entwicklung von Fachkonzepten und zur Kompetenzorientierung ein, so lässt sich folgende Definition entwickeln: Die Problemorientierung in Geschichte

- wird als ein Lehr-Lern-Konzept gedacht, das die Konstruktion von Lernprozessen im Unterricht ermöglichen soll. Die Problemstellungen sollen geeignet sein, die Prä-Konzepte der Schüler und Schülerinnen aufzugreifen und sie durch fachlich angemessene Begriffe, Konzepte und Erklärungsmuster zu erweitern, zu verändern oder zu ersetzen (Günther-Arndt 2006, S. 266).
- verortet den Gegenwartsbezug im Geschichtsunterricht und stellt sicher, dass die behandelten Themen für die Schüler signifikant sind. Die Problemstellungen werden aus dem gesellschaftlichen Orientierungsbedürfnis heraus formuliert und dienen einer Auseinandersetzung mit dem Gewordensein heutiger Gesellschaften und der Gewinnung von Alteritätserfahrungen in der Auseinandersetzung mit vergangenen Gesellschaften.
- ist ein didaktisches Prinzip, weil sie die Stoffauswahl und -anordnung prägt. Inhalte werden nicht chronologisch-additiv aneinandergereiht, sondern an Problemstellungen ausgerichtet. Erst ein so arrangierter Unterricht kann aktives Lernen im Fach fördern, weil Schüler an Fragestellungen arbeiten, historische Methoden anwenden und zu eigenen Lösungen kommen.
- integriert das fachliche Erkenntnisverfahren und öffnet es über methodische Problemstellungen für die Lernprozesse der Schüler. Das „Prozessmodell historischen Denkens“ (Schreiber et al. 2006, S. 17, Abb. 2), v.a. das kom-

petente Arbeiten mit Quellen und Darstellungen, bildet einen Schwerpunkt und soll den Schülern transparent und verfügbar gemacht werden. Der reflektierte Umgang mit Geschichte, mit Geschichtskultur und Geschichtsbildern ist eine Aufgabe, die sich jedem Menschen weit über den Geschichtsunterricht hinaus stellt. Dafür benötigt er Werkzeuge und Schlüssel, die er sinnvoll anwenden kann, auch wenn das Schulwissen für die neue Situation nicht ausreicht.

- stellt ein Strukturierungsverfahren für Geschichtsunterricht in Einzelstunden, in Reihen und in Projekten bereit. Diese Verfahren sind geeignet, andere (z.B. die Handlungsorientierung, Exkursionen) einzubeziehen und deren Bedeutung für ein historisches Lernen zu erhöhen. Mithilfe dieser Überlegungen sollen Lernsituationen geschaffen werden, die sich an aktuellen und möglichst authentischen (Reusser 2005, 159), aber auch fachspezifisch wichtigen Problemen orientieren.
- eröffnet die Möglichkeit, *historical literacy* zu fördern, indem Lernen als Konstruktionsprozess einen flexiblen Rahmen bekommt. Das Ziel einer fundierten historischen Argumentation als Ergebnis ist spätestens am Ende einer Unterrichtsreihe zu erreichen. Auf dem Weg dorthin können unterschiedliche Schwerpunkte gesetzt werden, um beispielsweise eine intensive Quellen- und Literaturarbeit mit der Anbahnung prozeduralen Wissens oder die Entwicklung von Sachurteilen mit der Erschließung von Fachkonzepten (z.B. Multikausalität) zu verbinden.
- bietet viele Gelegenheiten, um Sprache und Fachkommunikation als zentralen Faktoren einer historischen Bildung eine angemessene Bedeutung im Unterricht zuzuordnen. Dies kann in größerem Rahmen erfolgen, wenn eine problembasierte Unterrichtsreihe konsequent auf ein Produkt ausgerichtet wird, das sich in Genre, Modus, Stil und Zweck (Meyer et al. 2018; Meyer/Imhof 2017) an fachlichen Re-

präsentationen orientiert (z.B. Essay, Informationstexte für Touristen etc.). In kleinerem Rahmen kann anhand von vertiefenden Sequenzen beispielsweise die domänenspezifische Lesekompetenz gefördert werden (Handro 2015c, S. 6, vgl. Kap. 4.3).
- verortet den ständigen Dialog zwischen den disziplinären Methoden und Konzepten sowie der Lebenspraxis und dem Gegenwartsbezug im Unterricht. Sie eröffnet die Möglichkeit, diesen Dialog zu systematisieren und für eine Reflexion zu erschließen.
- lässt weitere oder andere Schwerpunktsetzungen zu.

Das Ziel liegt in einer produktiven Integration der im Unterricht erprobten Denkprozesse und des erworbenen Wissens in einen kognitiven Verfügungsrahmen der Schüler und Schülerinnen. Diese sollen im Laufe des Lehrgangs Geschichte in ihrer Schulzeit lernen, historische Problemstellungen kompetent zu lösen. Dieses weit gesteckte Ziel lässt sich nur mit vielen Zwischenschritten erreichen. Lehrkraft und Lerngruppe müssen sich gemeinsam einen Raum für solche Lernprozesse schaffen. Dazu gehören ein entsprechendes Klassenklima, eine kluge Unterstützung des Lernens und eine offene Gesprächsatmosphäre ebenso wie anregende Lernaufgaben und das Engagement der Schüler. Dies alles kann nicht in einem Schritt umgesetzt werden. Die Anbahnung ist ein gleichermaßen individueller wie gruppenspezifisch-sozialer Prozess, der mit vielen Zwischenstationen gestaltet und in der Klasse auch thematisiert und problematisiert werden muss.

2. Das Erkenntnis- und Strukturierungsverfahren

Die Umsetzung in den Unterricht bezieht sich auf unterschiedliche Planungseinheiten und Reichweiten. Das beginnt bei problemorientierten Einzelstunden, in denen Schüler am Beispiel eng eingegrenzter Themen und mit Anleitung durch die Lehrkräfte Re- und Dekonstruktionsprozesse üben. Genauso wichtig ist die Ebene der Unterrichtsreihen, die erst die Möglichkeit zur angemessenen Vielfalt und Vertiefung von Konzepten, Methoden und Formen als Faktoren der historischen Erkenntnis (Rüsen 2013, S. 68) bereitstellen. In der Umsetzung als übergeordnetes Prinzip greift die Planung noch weiter aus und umfasst ein auf Überblick und Vernetzung ausgerichtetes diachrones Verfahren, das Sequenzen aus verschiedenen Unterrichtsreihen miteinander verbindet. So kann eine gut vorüberlegte Problemorientierung im Laufe des Schuljahres (und darüber hinaus) ein wichtiges Gerüst bereitstellen, um Themen miteinander zu verflechten und dem Geschichtsunterricht die notwendige Relevanz für die historische Orientierung in Längsschnitten zu geben.

2.1 Ein Phasenschema als Strukturierungsverfahren für Einzelstunden

Wird die Problemorientierung auf eine einzelne Unterrichtseinheit (45–90 Minuten) bezogen, so ist damit das Ziel verbunden, an einem eng eingrenzten Thema ein Erkenntnisverfahren von der Wahrnehmung und Fragestellung, über die Sachanalyse, das Sachurteil bis hin zur Reflexion und Diskussion über das Orientierungspotential auszuprobieren. Die Tabelle (Abb. 3) gibt einen ersten Überblick über die einzelnen Phasen einer solchen Basisstunde, deren Gestaltung zum Grundhandwerkszeug eines Geschichtslehrers oder einer Geschichtslehrerin gehören sollte.

Phase	Erkenntnisprozess	Genauere Beschreibung
Problemfindung (Einstieg)	• Wahrnehmung (z. B. von Vergangenheitspartikeln, von Geschichtsbildern und öffentlichen Diskussionen über Geschichte) • Entwicklung der Problemfrage	wahrnehmen, fragen • Annäherung an ein historisches Thema über die Gegenwartserfahrung der Schülerinnen und Schüler • Problemdefinition und Problembestimmung • Einbindung von Vorwissen • Motivation für den Erkenntnisprozess • **Orientierungsbedürfnis**
Hypothesenbildung	Überleitung zur Erkenntnisarbeit	Thesen entwickeln, strukturieren • Brainstorming zu möglichen Antworten auf die Problemfrage • Planung des Lösungsweges (geeignete Quellengattungen, notwendige Informationen, zu erwartende Schwierigkeiten und Lösungsansätze) **(Heuristik I)**
Problemlösung (Erarbeitung Auswertung Vertiefung)	• Erarbeitung von Sachanalyse und Sachurteil auf der Basis von Quellen und Darstellungen • Rekonstruktion und Dekonstruktion • Weiterführung und Vertiefung des Urteils auf der Vergangenheitsebene	erschließen, erklären, interpretieren, narrativieren • Erschließung **(Heuristik II)** und Sachanalyse **(Heuristik III)** • **Kritik**, z. B. äußere und innere Quellenkritik • **Interpretation**, z. B. – Verstehen und Vergleichen von zeitgenössischen Perspektiven – Kontextualisierung, d.h. Einordnung in übergeordnete Strukturen, Prozesse, Ereignisse und Phänomene – Narrativierung der Kausalbezüge und der Zeitverlaufsvorstellungen
Reflexion	Begründung des Historischen Urteils und Reflexion	einordnen, bewerten, evaluieren und darstellen • Historisches Urteil: Vertiefung des Sachurteils und Weiterführung zum Werturteil • Reflexion in Bezug auf die Bedeutung für die eigene historische Orientierung • Reflexion des Lösungsweges

Abb. 3: Die Unterrichtsphasen im Überblick (fett gedruckt sind Querverweise auf die methodischen Operationen nach Rüsen 2013, S. 189 f.).

Die deutliche Akzentuierung der Phasen als für die Schüler wahrnehmbare Stundenstrukturierung ist wichtig, um Abwechslung zu bieten, Lernprozesse aufeinander abzustimmen und vor allem eine Verortung innerhalb des Regelkreises historischen Denkens zu ermöglichen. Im Folgenden werden die Phasen an Beispielen genauer beschrieben.

2.1.1 Einstieg und Problemstellung

„Probleme des problemorientierten Geschichtsunterrichts sind in Gegenwartserfahrungen entstandene historische Fragen, welche die Lernenden selber stellen." (Uffelmann 1997, S. 282)

Die Definition von Uffelmann hat heute besondere Gültigkeit, denn die Herausforderungen sind noch größer geworden. Es geht nicht mehr nur darum, eine Verbindung zwischen den Schülern und dem historischen Gegenstand zu schaffen. Die Aufgabe des Geschichtsunterrichts in der modernen, digitalisierten und globalisierten Welt hat sich verändert, denn die Dimension der Verfügbarkeit von Informationen aller Provenienzen und die Allgegenwärtigkeit von Geschichte im Alltag lassen das historische Denken noch deutlicher als Ziel des Unterrichts in den Vordergrund treten. Insofern muss Unterricht so gestaltet werden, dass die Schüler in diesen Auseinandersetzungen um Deutungshoheiten zu einem reflektierten Standpunkt befähigt und aufgefordert werden. So stehen also die Probleme, die in der Lebenswelt eine Relevanz haben, am Anfang des Denkprozesses. Häufig werden es Fragen sein, die auch in der Öffentlichkeit und den Medien diskutiert werden (vgl. Kap. 3.1).

Ein Problem unterscheidet sich von einer reinen Fragestellung durch den Schülerbezug und den Aufforderungscharakter an einen problemlösenden Denkprozess. Jenseits einfacher historischer Fragen hat sich in der Didaktik auch der Begriff der Leitfrage etabliert (u.a. Stolz 2009). Die Abgrenzung fällt nicht leicht, da die beiden Begriffe in Abhängigkeit von der jeweiligen Konzeptdefinition mal fast synonym und mal in Abgrenzung zueinander gebraucht werden. Peter Stolz beispielsweise fordert für die Leitfrage einen „nötigen Problemgehalt", unterscheidet aber dann in einen problemorientierten und einen handlungsorientierten „Geschichtsraum", indem jeweils der Leitfrage die Funktion des Ordnens und Zuspitzens zukäme (Stolz 2009, S. 40). Da die Problemorientierung in diesem Band in Anlehnung an Uffelmann nicht einfach als Strukturierungsprinzip, sondern als „geistiges Gitternetz" betrachtet wird, das viele andere didaktische Ideen integrieren kann (Uffelmann 1999b, S. 21), ist eine allzu trennscharfe Abgrenzung nicht zielführend. Die Problemstellung übernimmt im engeren Phasenschema die Funktion der Leitfrage. Sie greift die gesellschaftliche Relevanz einer historischen Thematik auf und erschließt sie – im besten Falle getragen von Schülerinteresse – für historisches Arbeiten, um zu einem für die individuelle Orientierung relevanten Ergebnis zu kommen.

Die Problemstellung sollte so komplex sein, dass keine einfache und schnelle Antwort möglich ist. Insofern eignen sich enge W-Fragen nicht. Die Schüler werden in die Bestrebung eingebunden, zwischen der Gegenwart und der im Thema repräsentierten Vergangenheit historische Signifikanz zu etablieren. Dies kann, muss aber nicht mithilfe eines Einstiegsmaterials gestaltet werden. So ist es wichtig, mit den Lernenden zu besprechen, warum nicht nur im Unterricht, sondern bei jeder fachversierten Annäherung an ein historisches Thema die Entwicklung einer Fragestellung der erste Schritt in einem Denkprozess ist. Aus der Schülerorientierung ergibt sich, dass mit jüngeren Lerngruppen Problemfragen formuliert werden, die einen Spannungshorizont leicht zugänglich aufzeigen. Eine Dichotomie oder zwei, drei sich deutlich voneinander abgrenzende Begriffe können beispielsweise geeignet sein, um einer Unterrichtseinheit einen roten Faden zu geben und das Suchen nach und das Abwägen von historischen Deutungen in den Mittelpunkt zu stellen (z.B. ‚Karl der Große: Vater Europas oder nur ein Kaiser im Mittelalter?'). Solche Fragestellungen erscheinen einem Historiker selbstverständlich naiv, da sie sich theoriegeleitet und quellenbasiert niemals in den kleinen Zeitfenstern bearbeiten lassen. Dennoch sind sie für Schüler relevant, weil sie in einer zwar noch oberflächlichen, aber wichtigen Annäherung eine Auseinandersetzung im schwierigen Feld der Historizität erlauben. Erfahrenere Lerngruppen können zunehmend differenzierte Fragen formulieren. Wie gelungen eine Problemstellung ist, hängt an vielen Determinanten. Von besonderer Bedeutung sind die individuellen Ausgangspunkte der Schüler, ihr je eigener sozialer Ort, ihre Erfahrungen und Denkfelder. Deshalb sind im Folgenden alle Beispiele nur als Vorschläge zu sehen, die an die konkrete Unterrichtssituation, die Lerngruppe, die gesellschaftlichen Kontexte und die Kompetenzziele angepasst werden müssen.

Eine wichtige Funktion kommt dem Einstiegsmaterial zu, das sehr sorgfältig gewählt werden muss. Es sollte als Stimulus für die Problemfindung fungieren, d.h. v.a. zu Fragen verleiten. Es darf die Schüler nicht überfordern oder gar zu falschen Interpretationsstrategien anregen. Dies lässt sich an den häufig genutzten Bildquellen oder Karikaturen verdeutlichen. Sie werden ausgewählt, weil sie einen visuellen, evtl. sogar überspitzt formulierten Zugang zu einer Thematik ermöglichen und so eine Problematisierung schon in sich tragen. Bei der Auswahl muss aber der Schwierigkeitsgrad für eine Ersterschließung beachtet werden. Eine zu mühsame und lange Arbeitsphase an dieser Stelle kann dazu führen, dass einige Schüler und Schülerinnen den roten Faden der Stunde nicht aufnehmen oder gar das Interesse am Thema verlieren. Eine zu oberflächliche Auseinandersetzung mit einer historischen Quelle ist ebenfalls ungeeignet, da beispielsweise das Weglassen der Quellenkritik Bemühungen zum Aufbau der Methodenkompetenz konterkariert. Weitere Überlegungen fließen in die Entscheidung bezüglich der Gestaltung des Einstiegs ein, wie das folgende Beispiel aufzeigt.

Von den vielen Möglichkeiten eine Unterrichtsstunde zur Sklaverei in der Antike (z.B.: ‚Sklaven – Menschen, Werkzeuge oder Tiere?‘) einzuleiten, sollen zwei häufig verwendete Beispiele verglichen werden:

a) Der Einstieg kann mit der Abbildung eines antiken Fundstückes begonnen werden. Es handelt sich um einen eisernen Halsring mit einer Bronzeplakette und folgender Inschrift: „Ich bin entflohen, halte mich fest! Wenn du mich meinem Herrn Zoninus zurückbringst, erhältst du ein Goldstück."[5]
b) Eine andere Möglichkeit ist es, auf „Asterix als Gladiator" zurückzugreifen und das Panel zum Sklavenmarkt zu zeigen. Die Asterix-Comics bzw. -filme sind auch heute noch vielen Schülern bekannt und die Abbildung provoziert erfahrungsgemäß einige Äußerungen.

Die Entscheidung zwischen diesen beiden Möglichkeiten kann auf Grundlage folgender Überlegungen getroffen werden: Die Ähnlichkeit des Fundstückes zu einem Hundehalsband führt die Schüler relativ direkt zu einer Problematisierung, die meist auf ein Konzept von „Freiheit" bzw. die Abwesenheit derer bezogen wird. Eine Problematisierung auf Basis der Asterix-Abbildung richtet sich eher auf ein Konzept von „Wirtschaft und Ausbeutung" aus, gibt den ersten Überlegungen in der Stunde also eine etwas andere Richtung, die sich auch in der gemeinsamen Formulierung der Problemfrage niederschlagen werden (z.B.: ‚Sklaven in der Antike: Handelsware, Wirtschaftsfaktor und/oder Menschen?').

Für einige Schüler ist der Einstieg mit dem Halsring zu eindimensional und eindeutig, um zu einer inneren Auseinandersetzung und damit zu einer wirklichen Problematisierung zu führen. Die Hinleitung zu einer Beschäftigung mit verschiedenen Lebenswirklichkeiten von Sklaven und mit der Erfassung von Strukturen, Mentalitäten und Einstellungen (auch auf Seiten der Sklavenhalter) kann nur über ein vom Lehrer geleitetes Gespräch entwickelt werden. Dies ist bei der Alternative etwas anders. Fragen zu historischen Hintergründen, Motiven und Einstellungen, der wirtschaftlichen Abhängigkeit und sozialen Hierarchien werden durch das Material angeregt. Gleichzeitig gilt es zu überlegen, ob Humor bei einer solchen Thematik der richtige Zugang für die Lerngruppe sein kann. Der Umgang mit Geschichte und die Auseinandersetzung mit dem Faktizitätsgrad der Darstellung werden durch die Auswahl des Comic Panels zu wichtigen Aspekten der Besprechung. Die Anforderungen an die Schüler sind im Hinblick auf die Gattungskompetenz deutlich höher als dies bei der Sachquelle der Fall ist. Letztendlich muss die Lehrkraft entscheiden, welches Material für die Lerngruppe geeignet ist, um ein historisches Orientierungsbedürfnis bei möglichst vielen Schülern zu wecken, zum Fragen anzuregen und eine Problematisierung vorzubereiten.

Entscheidende Faktoren für ein Gelingen des Einstieges und der Problemfindung sind die Unterrichtsvorbereitung und die Gesprächsführung. Der Lehrer muss seine Schüler gut kennen, ihre Interessen, das Vorwissen und mögliche Prä-Konzepte richtig einschätzen bzw. diagnostizieren, um ein sinnvolles und motivierendes Problem zu antizipieren und seine Anbahnung im Unterricht vorzubereiten. Das Gelingen eines problemorientierten Einstiegs sollte nicht danach beurteilt werden, ob die Problemstellung letztendlich von den Schülern formuliert wird. Solche Bestrebungen führen im Unterrichtsgespräch erfahrungsgemäß zu Leerschleifen, die einem Rätselraten ähneln. Es darf nicht zur Aufgabe der Schüler werden, die Vorstellungen und Unterrichtsvorbereitungen ihres Lehrers zu antizipieren. Entscheidend ist, dass in einem realistisch definierten Rahmen des Möglichen eine gemeinsame Frage gefunden wird, die möglichst viel Interesse weckt und gleichzeitig historisches Arbeiten am Thema der Unterrichtseinheit sinnvoll macht. Insofern hat der Einstieg eine rein dienende Funktion und sollte, wenn diese Grundlagen einmal im gemeinsamen Arbeiten von Lehrer und Schülergruppe erschlossen sind, auch methodisch variantenreich gestaltet werden.

2.1.2 Hypothesenbildung und Planung des Lösungsweges

Teil des Einstieges oder eine eigenständige Phase ist die Entwicklung von Hypothesen in Bezug auf das eingangs formulierte Problemziel und in Bezug auf den Lösungsweg. Die Schüler dürfen in dieser Phase auch einmal spekulieren, wie das Problem beantwortet werden könnte. Sie müssen ihre Aussagen nicht belegen, sondern nur so begründen, dass ihre Gedanken nachvollziehbar sind. Die Lernenden sollen ihre eigenen Einstellungen zu Thema und Problem ergründen, sich dabei eventuell auch eigener Vorurteile oder Verunsicherungen bewusstwerden. Das Problemziel soll aus Schülerperspektive geöffnet und schließlich konkretisiert werden, indem Unterfragen für die Erarbeitung formuliert werden.

Zudem wird über die Planung des Lösungsweges gesprochen: Welche Quellengattungen eignen sich zur Bearbeitung des Problems, welche Informationen und Definitionen werden benötigt? Wie kann die historische Analyse gestaltet werden, welche Schwierigkeiten könnten dabei auftreten? Das gemeinsame Nachdenken über den Lösungsweg sollte vorsichtig gestaltet werden, allzu leicht wirkt es wie ein Abfragen von Selbstverständlichkeiten. Die Schüler lassen sich nicht darüber hinwegtäuschen, dass Unterricht eine inszenierte Lerngelegenheit ist und die Materialien im Vorfeld von der Lehrkraft bereits ausgewählt wurden. Droht die Sequenz zu einer Floskel zu werden, verfehlt sie ihr Ziel. Sinnvoller ist es dann zu erklären, warum die Materialauswahl in dieser Form getroffen wurde, oder zwei Varianten bereitzuhalten, von denen die Schüler eine mit schlüssiger Begründung auswählen können. Zu einem vielfältigen Stundenrepertoire gehören auch Arrangements, die der Heuristik besondere Aufmerksamkeit widmen. Am Beispiel einer Unterrichtsstunde zum 17. Juni 1953 soll dies kurz illustriert werden (‚Volksaufstand oder Volksaufhetzung?'). Das Lebendige Museum Online bietet unter dem Menüpunkt „Bestand" die Objektsammlungen der kooperierenden Institutionen für den Online-Zugriff an. Eine Suche „17. Juni" führt zu einer Ergebnisseite, die verschiedene Quellen und Darstellungen mit einer Abbildung und einer Kurzüberschrift zur Gattung umfasst: u.a. Fotografien aus Ost-Berlin, ein Videoausschnitt aus der Wochenschau-West, Zeitzeugenberichte, Bilder von Kranzniederlegungen an Jahrestagen, Sachüberreste.[6] Diese Seite bietet viele Möglichkeiten, über die Auswahl für die Stunde zu beraten und zu besprechen, welche Erkenntnisse man bei der jeweiligen Gattung erwarten kann und welche Fragestellungen mit der Auswahl verfolgt werden können. So kann ein grundlegendes Verständnis für die Bedeutung des Lösungsweges vermittelt werden. Die Quellenkritik tritt fast selbstverständlich in den Fokus.

Am Ende der Phase sollte das übergreifende Problem in kleinere Fragen und Arbeitsschritte aufgegliedert, Begriffe definiert, ein für die Beschäftigung mit der Fragestellung geeignetes Untersuchungskorpus festgelegt und die weitere Vorgehensweise geklärt sein.

2.1.3 Erarbeitung

Die Erarbeitungsphase steht im Zentrum des problemorientierten Geschichtsunterrichts. Sie nimmt sowohl in der Planung des Lehrers bzw. der Lehrerin als auch im Unterricht selbst den größten Raum ein. Die „Gewährleistung von anregenden, aktivierenden und angepassten Lerngelegenheiten", die insbesondere von Gautschi als ein wichtiges Kriterium für guten Geschichtsunterricht herausgearbeitet wurden, kann vor allem an dieser Stelle sichergestellt werden (Gautschi 2009, S. 166–168). Die eigenständige Schülererarbeitung ist der zentrale Kern des Unterrichtskonzeptes. Sie sollte von der Lehrkraft sorgfältig vorbereitet werden, denn gerade die Gestaltung einer guten Erarbeitungsphase stellt hohe Anforderungen an die Fähigkeit des Lehrers zur Antizipation, zur Diagnose von Leistungsständen und zur Steuerung von Lernprozessen durch die Auswahl der Materialien und die Gestaltung der Arbeitsaufträge. Dabei geht es vor allem um die Lernpotentiale im historischen Denken: Was lernen die Schüler/Schülerinnen, wenn diese Quellengattung, jene Darstellung oder eine imaginative Geschichtserzählung ausgewählt wird? Wie muss der Erschließungs- und Interpretationsprozess angeleitet werden? Wie eigenständig können die Schüler und Schülerinnen arbeiten, um gute Ergebnisse zu erreichen, aber nicht unter- oder überfordert zu werden?

Eine wichtige Rolle spielt die Auswahl der Medien des historischen Lernens. Dabei gilt es beide Säulen des Denkprozesses zu beachten: Die Schüler sollen lernen, Geschichte auf Basis von Quellen zu konstruieren und vorliegende Geschichtsnarrationen zu analysieren. Im Anfangsunterricht sollte entschieden werden, welche Denkoperation in einer Erarbeitungsphase im Vordergrund steht. Dementsprechend sind es mal Quellen und ein anderes Mal Darstellungen, die im Mittelpunkt stehen, um die einzelnen Schritte des jeweiligen Verfahrens kennenzulernen und zu üben. Fortgeschrittene Gruppen arbeiten mit beiden medialen Großformen und erschließen sich die Überschneidungen bei verschiedenen Gattungen, die eine Interpretation als Quelle und als Darstellung erfordern (z.B. Zeitzeugengespräche, Denkmäler). Die Analyse intermedialer Repräsentationen stellt zusätzliche Anforderungen. Die Übersicht zu Medien im Geschichtsunterricht (Abb. 5) erhebt keinen Anspruch auf Vollständigkeit. Sie bezieht sich in Anlehnung an den Vorschlag von Hilke Günther Arndt (2015) auf die äußeren Merkmale.

Quellen

Überlieferung aus der Vergangenheit mit zeitlicher Nähe zum Ereignis der Vergangenheit:

- Dokumente (unabsichtlich erhaltene Vergangenheitspartikel)
- Monumente (absichtliche Überlieferung verbunden mit einer „Botschaft") (EPA Geschichte, S. 9)

Merkmale und *Beispiele:*

→ **schriftlich:** *Urkunden, Briefe, Rechnungen*

→ **akustisch:** *Reden, Lieder*

→ **bildlich:** *Fotos, Gemälde, Karikaturen*

→ **gegenständlich:** *Originale: Spielsteine, Töpferware, Schmuck, Waffen, Gebäudereste, Musikinstrumente etc.*

→ **filmisch:** *Filmmitschnitte, Nachrichtenauszüge*

→ **virtuell:** *u. a. Social Bots*

„Authentizitätsgrade"

„verbürgt, echt, zuverlässig" bis Fiktion

„Historisierungsgrade"

Vergangenheit bis Gegenwart

(vgl. Pandel 2013, S. 275)

Darstellungen von Geschichte

sinnbildende „Erzählungen" über die Vergangenheit

(= gleichzeitig geschichtskulturelle Quellen für die Entstehungszeit des Mediums)

→ **schriftlich:** *Fachbücher, Fachaufsätze, Einträge in Lexika, Beiträge in Geschichtsmagazinen etc.*

→ **akustisch:** *wissenschaftliche Vorträge, Gedenkreden, Festansprachen*

→ **bildlich:** *Schaubild, Geschichtskarte, Rekonstruktionszeichnung, Diagramm etc.*

→ **gegenständlich:** *Ausstellung, Rekonstruktionsmodell*

→ **filmische:** *Dokumentarfilm, Spielfilm*

→ **abstrakt/sensual:** *Reenactment*

→ **virtuell bzw. digital:** *z. B. Facebook-Profil historischer Persönlichkeiten, Social Media Beiträge*

Medien des Geschichtsunterrichts

Schulbücher, weitere Lehrwerke, Tafelbilder, Zeichnungen, szenische Darstellungen, Standbilder, Erzählungen, Vorträge, Gespräche, Diskussionen u.v.a.

Abb. 4: Medien im Geschichtsunterricht (vgl. u. a. Günther-Arndt 2015; Baumgärtner 2015, S. 117; Pandel 2013, S. 276 f.).

Die Auseinandersetzung mit den Medien des historischen Lernens wird über die Aufgabenstellung angeleitet. Die Arbeitsaufträge werden mithilfe von so genannten Operatoren formuliert, die Denkhandlungen im Unterricht initiieren sollen (vgl. unten Kap. 4.2). Bei der Arbeit mit Quellen werden die Schüler zunächst zur Erschließung des historischen Sachverhaltes und der Quellen selbst angeleitet: Sie beschreiben die Einbettung und die Inhalte, tragen Informationen zusammen, schildern oder skizzieren historische Sachverhalte. In einem zweiten Schritt werden die Quellen in historische Kontexte eingeordnet, indem die Quellenkritik und die Sachanalyse zur Erläuterung herangezogen werden. Die Schüler erklären die historische Perspektive und vergleichen sie mit anderen. Sie entwickeln eine Deutung in der Zeit, d.h. sie erklären beispielsweise Ursache-Wirkungszusammenhänge. Bei der Arbeit mit Darstellungen steht zunächst ebenfalls die Erschließung im Vordergrund, bevor dann die Deutungen aus der fertigen Geschichtserzählung herausgearbeitet werden und die Konstruktion der Erzählung erklärt wird.

Der dritte Schritt von Vertiefung und Reflexion kann ebenfalls in der Erarbeitungsphase begonnen werden. Gerade bei noch unterfahrenen Lerngruppen werden aber die Erschließung und Interpretation meist erst in einer gemeinsamen Auswertungsphase abgesichert, deshalb werden die weiterführenden Schritte unten besprochen.

Für den Lehrer stellt die Planung einer Unterrichtsphase, die eine aktive Auseinandersetzung der Schüler mit den Medien fördert, eine Herausforderung dar. Die Operatoren sind eine unverzichtbare Hilfestellung, die auch viele Gelegenheiten eröffnen, um mit Schülern über die Anforderungen und damit über die vorne genannten Denkhandlungen zu sprechen. Dennoch genügen die Operatoren alleine nicht, weitere Hinführungen sind erforderlich, um die Eigenständigkeit und das Verständnis für die fachlichen Methoden und Konzepte zu fördern.

So kann bei jüngeren Schülern und Schülerinnen die Unterstützung mit einfachen Arbeitsblättern sinnvoll sein, die beispielsweise das Zusammentragen von Informationen anleiten oder die Quellenarbeit an Punkten vertiefen, die Schülern erfahrungsgemäß schwerfallen. Als Beispiel ist ein Arbeitsblatt in Skizzenform angefügt (Abb. 6), das die Kommunikationssituation in den Vordergrund rückt, in der die Flugschrift von L'Abbé Sieyès „Was ist der Dritte Stand?" im Januar 1789 stand. Schon die Visualisierung mit einem Autor, der eine Botschaft in einer genau überlegten Form an eine bestimmte Gruppe sendet, kann das Verständnis für wichtige Schritte der Quellenarbeit fördern (vgl. auch Kap. 4.3).

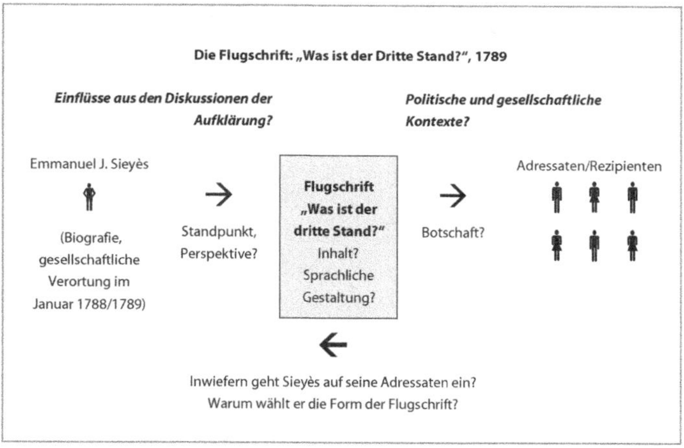

Abb. 5: Arbeitsblatt zu den ersten Schritten einer Quellenerschließung.

Die Erarbeitungsphase ist ein zentrales Element der Problemorientierung. Sie sollte deshalb auch in der Stundenreflexion der Lehrkraft entsprechende Aufmerksamkeit bekommen. Hier helfen ein paar leitende Fragen, die gleichzeitig auch die Ziele der Phase zusammenfassen:

- Inwieweit war das Gesamtarrangement der Erarbeitungsphase geeignet, um für diese Lerngruppe einen historischen Erkenntnisprozess zu steuern und dennoch freie Entfaltungsmöglichkeiten zuzulassen?
- Wurden die Ergebnisse von allen Schülern erreicht? Welche Schüler wurden über- oder unterfordert?
- War die Auswahl und Vorbereitung der Materialien geeignet (Umfang, Schwierigkeitsgrad, Worterklärungen)?

- Falls nicht, welches Material hätte (binnen-)differenziert (nach Neigung, Leistung, Arbeitsform) herangezogen werden können?
- Waren die Arbeitsaufträge geeignet, d.h. angemessen komplex und motivierend?
- Welche Schwierigkeiten habe ich während der Phase erkannt (Schülerfragen, Gespräche zwischen Partnern oder in Gruppen)? Wie kann ich darauf in den nächsten Stunden eingehen?
- Welche Schülerleistungen habe ich gehört, inwiefern hat historische Denkarbeit bei den einzelnen Gruppen und Schülern stattgefunden?
- Hat sich die Erarbeitung aus Sicht der Schüler gelohnt?
- Sind Fragen von den Schülern aufgeworfen worden, die eventuell innerhalb der weiteren Reihe zu neuen Themenstellungen ausgearbeitet werden sollten?

2.1.4 Auswertung

Die Auswertungsphase bezieht sich auf die Schülerergebnisse aus der Erarbeitung, daher ist es sinnvoll, beide Phasen gemeinsam zu konzipieren. Auch die Schüler sollten schon während der Erarbeitung wissen, wie die Auswertung erfolgt und nach Möglichkeit ein Produkt erstellen (u.a. Erklärung, Concept Map, Schema, Living Graph), das sie vorstellen. Das lässt sich nicht immer verwirklichen, dennoch sollte die Phase schülerzentriert gestaltet werden. Die Steuerung obliegt dennoch der Lehrkraft. Diese schwierige und scheinbar widersprüchliche Aufgabe kann durch die Moderation der Ergebnispräsentationen, durch die Strukturierung der Auswertungsgespräche und vor allem durch geschickte Impulse gelingen, die die Auseinandersetzung mit dem Thema vertiefen und Lösungen sowie Deutungen zur Diskussion stellen. Der Gesprächsaufbau sollte in der Unterrichtsplanung gut vorüberlegt werden. Eine für alle Beteiligten ersichtliche Systematik fördert eine gute Fachkommunikation. Bezogen sich die Aufgaben auf eine Rekonstruktion, so werden beispielsweise zuerst die Sachebene und die Sachanalyse mit der Quellenerschließung geklärt. Erst im nächsten Schritt geht es um die Interpretation von Geschichte, d.h. um die Erläuterung und den Vergleich von historischen Perspektiven und die Einordnung in die Kontexte der Zeit. Zu den Aufgaben der Lehrkraft gehört auch die zuverlässige und für alle Schüler gut nachvollziehbare Korrektur von Fehlern und Irrtümern. Historische Probleme sind komplex, in diesem Sinne kann und soll es keine eindeutige Lösung geben. Fehler in der Erschließung und Interpretation, inhaltlich, sprachlich wie methodisch, dürfen aber selbstverständlich nicht stehen bleiben. Sie werden im Gespräch aufgegriffen, korrigiert und erklärt.

Zur Auswertungsphase gehört auch ein Tafelbild, das eventuell schon in den Phasen zuvor begonnen wurde. Es soll nicht einfach Merkwissen sichern, sondern den Lernprozess und die aktive Arbeit mit Geschichte in der Stunde begleiten und widerspiegeln. Thema und Problemziel können beispielsweise direkt im Einstieg an der Tafel notiert werden, um so die Funktion als Leitfaden und Denkmotor der Stunde zusätzlich zu etablieren. Die Quellenerschließung sollte keinesfalls nur in Inhaltsstichpunkten im Tafelbild vermerkt werden. Dies fördert eine falsche epistemologische Überzeugung, die Quelle sei ein Faktenlieferant. Die Einbettung der Medien, die Quellenkritik und die Interpretation können zumindest mit einigen elementarisierenden Stichpunkten festgehalten werden. Verabredete Symbole im Tafelbild sind Hilfsmittel, um die epistemischen Basiskonzepte auch visuell zu verankern: Eine Brille kann beispielsweise genutzt werden, um eine historische Perspektive zu kennzeichnen, Pfeile stehen für Ursache-Wirkungs-Bezüge und werden je nach den besprochenen Urteilskriterien gewichtet oder beschriftet (langfristig, mittelfristig, verstärkt, verzögert etc.). Das Layout des Tafelbildes sollte bei den Kontexten nicht als additive, z.B. in Tabellenspalten gegliederte, Aufzählung angelegt werden, sondern Vernetzungen und Dynamiken aufnehmen (vgl. Kap. 3.2 mit einem Beispiel). Eine Hierarchisierung und Elementarisierung ist dafür unumgänglich. So lohnt es sich, diese Bilder in späteren Stunden oder Reihen wieder aufzugreifen und von den Schülern versprachlichen und gegebenenfalls nach der weiterführenden Erarbeitung eines Themas kritisch besprechen zu lassen. So werden sie als zeit- und kontextgebundene Medien deutlich, die in einem bestimmten Zusammenhang konstruiert wurden. Ein schwieriger und umstrittener Aspekt bei der Konzeption eines gelungenen Tafelbildes ist die Frage, inwiefern ein Fazit zur Problematisierung notiert werden soll. Für jüngere Schüler in den Anfangsjahren der Sekundarstufe I ist eine gewisse Orientierungsmöglichkeit im Nachhinein wichtig. Finden sie keine Anknüpfungspunkte im Tafelbild, so suchen sie sich eventuell die Antwort an anderer Stelle. Eine geeignete Problemfrage zeichnet sich aber durch die komplexe Struktur aus, sie lässt sich nicht mit einem Satz beantworten. Das Fazit kann sich demnach nur auf das Aufzeigen eines Horizontes beziehen, innerhalb dessen eine Urteilsbildung erfolgt. Gerade im Hinblick auf diesen letztgenannten Punkt wird deutlich, dass ein Tafelbild ein Teil der Unterrichtskommunikation sein muss. Erst in einem Wiederaufgreifen und der narrativen Ausgestaltung der notierten Aspekte entsteht letztendlich die wichtige Relevanz für die Schüler.

2.1.5 Vertiefung und Diskussion

Die Vertiefung ist kein zwingender, aber ein sinnvoller Schritt in diesem Schema. Sie dient der Fortführung der Problemfrage, der Zuspitzung oder der Konfrontation mit einer ganz anderen Position und Beurteilung. Sie bereitet die Reflexion vor.

Diese abschließende Phase dient vor allem dem Einordnen des historischen Sachverhaltes bzw. dem Erschließen des Erarbeiteten für die individuelle historische Orientierung. Die Problemfrage wird auf Basis der neu gewonnenen Erkenntnisse erörtert, um das fundierte historische Urteilen zu fördern. Es geht nicht um eine Entscheidung der offenen Problemstellung in eine richtige und eine falsche Lösung. Die Schüler sollten sich mit anderen Werturteilen auseinandersetzen, nach den zugrundeliegenden Sachurteilen fragen und ihre eigene Bewertung argumentativ vertreten können, sodass die Darlegung für die anderen schlüssig und aus der historischen Erkenntnisarbeit heraus begründet erscheint (vgl. u.a. Kühberger 2009).

Die Anforderungen an alle Beteiligten sind hoch, viele Anbahnungsprozesse und Zwischenschritte sind notwendig (vgl. Kapitel 3.2 ‚Probleme der historischen Urteilsfindung'), um diese Phase gelingen zu lassen. Zudem ragen aktuelle politische und gesellschaftliche Implikationen in diese Dimension hinein, sodass nach möglichen Beeinflussungen, unangemessenen Lenkungen einerseits und nach den Grenzen eines Kontroversitätsgebotes andererseits zu fragen ist. Einen goldenen Weg, den man uneingeschränkt empfehlen kann, wird es an dieser Stelle nicht geben. Der Grundsatz für die Unterrichtsphase wird durch den Beutelsbacher Konsens formuliert, der sich mit den drei Begriffen von Kontroversität, Überwältigungsverbot und Handlungs- bzw. Schülerorientierung zusammenfassen lässt (Pohl/Will, 2016, S. 68). Das Gelingen der Phase hängt in hohem Maße am Geschick der Lehrkraft, an der Bereitschaft zur Reflexion sowie einer (fachlichen) Kommunikationsfähigkeit. Nach wie vor grundlegend für die fachspezifische Gestaltung dieser Phase sind die „Postulate", die Ernst Weymar und Jörn Rüsen herausgearbeitet haben (Weymar 1970, Rüsen 1997). Die Hinführung zu einer „Rationalisierung des historischen Wertens" spielte in diesen Überlegungen eine wichtige Rolle (Rüsen 1997, S. 305). „Alltagsweltliche Formen, in denen diffuse und erfahrungsarme Wertungen mit stark apologetischer und legitimatorischer Funktion dominieren", sollen zum reflektierten Urteilen entwickelt werden, indem die Schüler methodisch angeleitet werden, die normative Dimension von der empirischen zu unterscheiden. Die Prinzipien von Multiperspektivität und Pluralität arbeitete Rüsen als entscheidende Grundlagen eines triftigen Urteilens heraus. Die höchste Stufe des historischen Urteilens erreichen die Schüler, „wenn die historische Relativität der normativen Gesichtspunkte des historischen Denkens eingesehen wird, wenn also die historische Wertung im Bewusstsein einer zeitlich-geschichtlichen Dynamik der beanspruchten Normen vollzogen wird." (Rüsen 1997, S. 307).

2.2 Problemorientierte Unterrichtsreihen

Die Lehr- und Bildungspläne regeln mehr oder weniger konkret, an welchen Epochen und Inhalten das historische Lernen erfolgen soll. Die Umsetzung der Lehrplankonzeptionen in einen Geschichtsunterricht, der die Entwicklung von Kompetenzen für alle Schüler und Schülerinnen bis zum Standardniveau und darüber hinaus ermöglicht, wird von den Lehrkräften geleistet. Dies erfordert umfassende analytische Planungsprozesse, die sich nicht nur auf Einzelstunden, sondern auf größere Zeiträume und Zusammenhänge beziehen sollten (vgl. Oswalt 2016, 12). So ist es erforderlich, die Großeinheiten im Lehrplan (z.B. „Epochale Schwerpunkte", LP RLP Sek I) in Unterrichtsreihen aufzugliedern. Die langfristige Planung sorgt für eine zielgerichtete und am Lernprozess der Schüler orientierte Nutzung der Unterrichtszeit und ermöglicht überhaupt erst eine Dynamisierung und Vernetzung der Problemstellungen.

Der Begriff „Unterrichtsreihe" lässt sich nur vage definieren. Es sind sinnvolle, thematisch ausgewiesene Planungseinheiten, die einerseits deutlich über Einzelstunden hinausgehen und andererseits doch so überschaubar sind, dass sie auch von den Schülern als zusammenhängende Einheit wahrgenommen werden können. Daher ist der Umfang einer Reihe abhängig vom Thema und von der Stundentafel: Findet Geschichtsunterricht einstündig statt, ist für die Schüler und Schülerinnen schon eine Unterrichtsreihe mit 8 Stunden (= 8 Wochen) eine lange Zeit, die nur mit viel Hilfestellung durch die Lehrkraft am Ende noch einmal als thematische Einheit reflektiert werden kann. Im Leistungsfach Geschichte (RLP = 4h/Woche) hingegen ist eine Unterrichtsreihe auch noch im Umfang von 16 bis 20 Stunden eine sinnvolle Einheit.

Die Reihenvorbereitung beginnt mit einer detaillierten und kritischen Lehrplan- und Lehrwerkanalyse. An dieser Stelle können nicht alle Schritte zusammengefasst werden, aber ein zentraler Reflexionsaspekt sind stets die Sinnbildungen, die vorgegeben oder aber immanent erzeugt werden: Werden beispielsweise Geschichtsbilder eines vorgeprägten Entwicklungslaufes vermittelt (z.B. Geschichte als Fortschrittserzählung)? Wo verläuft die „Grenze zur Ideologie" (Barricelli 2015a, S. 47)? Was wird ausgewählt, was selektiert und weggelassen? Wie wird ein Thema zeitlich eingegrenzt? Welche Perspektiven finden Beachtung, welche werden nicht angesprochen und sollten ergänzt werden? Auf diesen ersten Grundlagen aufbauend beginnt die eigentliche Reihenkonzeption. Die Planung des Lernarrangements ist ein komplexer Prozess. Vadim Oswalt beschäftigte sich 2016 mit dieser Frage und schuf mit seinen Überlegungen zur vielfältigen Gestaltung der Lernarrangements eine neue Grundlage, indem er unterschiedliche Stundentypen innerhalb einer Reihe auswies, um verschiedenen Zugriffen auf Geschichte und didaktischen Schwerpunktsetzungen Raum zu geben und Geschichtsunterricht abwechslungsreich zu gestalten (Oswalt 2016).

In einer problemorientierten Unterrichtsreihe werden die Einzelstunden unter ein übergreifendes Problemziel gestellt. Ein gesellschaftliches Grundproblem oder eine Fragestellung, die in der Öffentlichkeit zum Umgang mit Geschichte diskutiert wird, werden zur Klammer oder besser noch zum Dach einer mehrere Stunden umfassenden Planungseinheit. Ein für die Lebenspraxis der Schüler relevanter Aufhänger wird ausgewählt und zu einem ersten Anker in der Beschäftigung mit einer vergangenen, fremden Gesellschaft weiterentwickelt. Dieser Anker wird in den Folgestunden genutzt, um Überblicke und Vertiefungen miteinander zu vernetzen. Beruhend auf der festen Säule des Problemhorizonts werden jetzt fachspezifische (Leit-)Fragen entwickelt, die eine intensive Beschäftigung mit der Vergangenheit erlauben und dabei unterschiedliche Schwerpunkte im Erkenntnisprozess setzen. So sind Stunden möglich, die zum Beispiel auf die Entwicklung eines fundierten Sachurteils oder die Auseinandersetzung mit der Quellenkritik ausgerichtet sind.

Die Probleme des POGU lassen sich zur Vorbereitung solcher Unterrichtsreihen nach den Möglichkeiten strukturieren, a) gesellschaftlich relevante Grundprobleme (Problemhorizonte), b) historisch-erschließende Problemkontexte und c) vertiefende Aspekte zur Auseinandersetzung mit dem historischen Erkenntnisprozess zu behandeln. Die Unterrichtsreihe setzt sich jeweils aus einer Kombination dieser Zugriffe zusammen. Das Lernarrangement solcher Unterrichtsreihen lässt sich folgendermaßen beschreiben und am Beispiel einer Unterrichtsreihe zur Französischen Revolution erklären (vgl. vor allem Kap. 3 mit näheren Ausführungen zu einzelnen Problemstellungen):

a) Die Reihe wird um eine übergreifende Fragestellung arrangiert, die als ‚Problem der historischen Orientierung' die Auftaktstunde und die abschließende Gesamtreflexion prägt. Sie kann auch innerhalb der Reihe in Abwandlungen oder speziellen Blickwinkeln aufgegriffen und an exemplarischen Schwerpunkten oder regionalgeschichtlichen Erweiterungen vertieft werden. Am Anfang können besonders bekannte Ereignisse im Sinne einer „Auftaktseite", die in vielen Schulbüchern angeboten wird, genutzt werden, um Fragen an die Reihe zu provozieren. Sehr geeignet ist auch ein erster thematischer Anknüpfungspunkt, der als Anker beschrieben werden kann für Thematiken, die den Schülern noch gar nicht bekannt sind. Dafür wird die Chronologie aufgebrochen und ein besonderes Ereignis ausgewählt, das viel über die damalige Zeit erzählt und so zum Fragen auffordert. Eine Unterrichtsreihe zum Verhältnis von weltlicher und geistlicher Macht im Mittelalter kann beispielsweise mit Canossa beginnen und dann im „regressiven

Verfahren“ arbeiten (vgl. Barricelli 2015, S. 47). Der Problemaufriss wird am Ende der Reihe aufgenommen und zu einem historischen Urteil weitergeführt. Dies bedeutet also, dass die Problemhorizonte eine Unterrichtsreihe umfassen und einen verbindenden Erkenntnisbogen über mehrere Einzelstunden legen. Eine Unterrichtsreihe zur Französischen Revolution lässt sich beispielsweise in Verbindung mit dem Begriffskonzept „Revolution“ um die noch immer aktuelle Frage gruppieren, wie Freiheit und Gleichheit in einer Gesellschaft umgesetzt werden können (z.B.: ‚Die Französische Revolution: Eine Revolution für Freiheit und Gleichheit?‘).

b) In einer historischen Kontextualisierung werden die Anker zu Netzwerken in dem epochalen Schwerpunkt erweitert. Es geht darum, die Orientierung in Zeit und Raum zu ermöglichen und die Erzählung aktiv zu konstruieren. Dies geschieht beispielsweise in Stunden, die der Zeit (Kontinuität/Wandel/Zäsur/Höhe- und Tiefpunkt), der Kausalität (Ursache-Folge-Geflechte) oder der Auseinandersetzung mit unterschiedlichen historischen Perspektiven gewidmet sind. Am Beispiel der Reihe zur Französischen Revolution lässt sich ein zeitlicher Überblick über Kontinuität und Wandel mit einer Themenstellung ‚Die Phasen der Revolution: Fortschritt oder Rückschritt für ‚Freiheit und Gleichheit‘? ausarbeiten (vgl. Kapitel 3). Ursache und Wirkung können mit der Frage ‚Frankreich 1789: Verursachte die Ungleichheit oder die Not die Revolution?‘ vertieft werden. Dies sind zunächst eher historische Fragen und im engeren Sinn keine Probleme. Erst die Grundorientierung an dem die Reihe überspannenden Problemhorizont gewährleistet die Umsetzung des didaktischen Prinzips. So lässt sich beispielsweise am Ende der oben angesprochenen Unterrichtseinheiten überlegen, inwiefern durch die historischen Fragen das Reihenproblem eine historische Grundstruktur bekommen hat.

Gleichermaßen dienen Vertiefungsstunden dazu, die Auseinandersetzung mit einem Problemhorizont durch historische Koordinaten in eine Tiefenstruktur auszuarbeiten: Die historischen Perspektiven (z.B. ‚Frankreich 1791: Die Revolution weiterführen oder beenden?') sowie die Komplexität der Probleme werden an ausgewiesenen Beispielen erarbeitet, sodass auch ein historisches Urteil mit der notwendigen Sorgfalt entwickelt werden kann (z.B.: ‚Die Hinrichtung Ludwigs XVI.: gerechtfertigte Notwehr oder ungerechtfertigte Willkür?'). Die Vertiefungen umfassen auch regionalgeschichtliche Erweiterungen. Die Französische Revolution kann in ihren Auswirkungen und Rezeptionen in der jeweiligen Umgebung der Schüler betrachtet werden (z.B. ‚Die Mainzer Republik 1792/93: Europäische Demokratiegeschichte oder nur ein kurzes Zwischenspiel ohne größere Bedeutung?'). Eine besondere Rolle sollten auch die geschichtskulturellen Problemstellungen spielen (z.B. ‚Die Erklärung der Menschen- und Bürgerrechte am 26. August: Ein geeigneter europäischer Feiertag?').

c) Das historische Denken soll durch die dritte Kategorie, die Probleme der Epistemologie vertieft und damit in eine metakognitive Kompetenz überführt werden, die letztendlich die Voraussetzung für ein eigenständiges Lösen neuer historischer Probleme ist. Aus diesem Grund sind Unterrichtsstunden zu Problemen der Heuristik, Hermeneutik und Urteilsbildung wichtig. Die Konstruktion von Geschichtserzählungen und die Besonderheit bestimmter Quellengattungen werden selbst in den Mittelpunkt gerückt (z.B. ‚Historienbilder: Spiegel der Vergangenheit oder phantasievolle Inszenierungen?'). Diese Stunden sollten nicht als Methodentraining missverstanden werden, sondern die Entwicklung einer kreativen Problemlösefähigkeit zum Ziel haben, die einen Transfer auf andere Fragestellungen erlaubt.

d) Eine solche Unterrichtsreihe schließt mit einer Zusammenführung der einzelnen Unterrichtseinheiten ab, indem das übergreifende Problem aufgegriffen und zu einem historischen Urteil weiterentwickelt wird (z.B. ‚Inwieweit kann die Französische Revolution als Revolution für Freiheit und Gleichheit erinnert werden?‘ oder ‚Freiheit, Gleichheit, Brüderlichkeit: Ein geeigneter Titel für eine Ausstellung zur Französischen Revolution?‘).

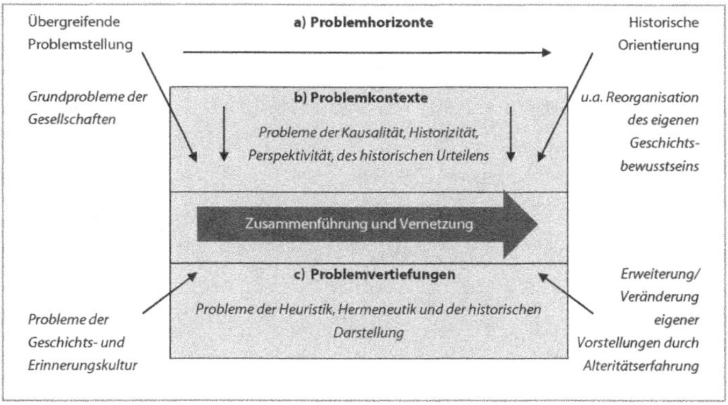

Abb. 6: Schema einer problemorientierten Unterrichtsreihe.

Die hier ausgeführten Überlegungen zur Reihenplanung sind nur ein Beispiel. Sie sollen in Verbindung mit der Gruppierung von Problemkategorien keineswegs einen festen Rahmen darstellen und in diesen Zuschreibungen erstarren. Das wäre letztendlich erneut der Weg zu einer Meistererzählung im Unterricht. Sie sollen vielmehr dazu anregen, die Unterrichtsplanung und vor allem den POGU zu dynamisieren und auf das historische Lernen auszurichten. Schon bei einem Längsschnitt müsste das Konzept deutlich verändert werden. Dennoch können die Überlegungen, wenn sie als Flexibilisierungsmöglichkeit interpretiert werden, auch für eine solche Unterrichtsreihe Ideen und Grundbausteine liefern.

2.3 Problem-Based Learning (PBL)

Geschichtsunterricht hat das Ziel, Jugendliche im Umgang mit Geschichte alltagsfähig zu machen. Sie sollen sich die Welt mithilfe von historischen Kompetenzen erschließen können. Um dieses Ziel zu erreichen, müssen weitere Lerngelegenheiten angeboten werden, die die Eigenaktivität der Lernenden beim Wissenserwerb noch mehr in den Vordergrund rücken. Dies kann mithilfe von Projekten in einem problembasierten Lernverfahren erfolgen. Im Wesentlichen geht es darum, dass alltägliche Problemstellungen des Faches von den Lernenden möglichst eigenständig zu lösen sind. Die mögliche Alltags- oder Berufskonfrontation mit Geschichte wird in den Unterricht geholt und die Problemlösung durch einen Experten angeleitet. Der zu lösende Fall soll auf ein Produkt ausgerichtet sein, das am Ende der Lernepisode präsentiert und besprochen wird. Die Schüler erhalten auf dem Weg zur Lösung Hilfestellungen, die aber möglichst wenig durch die Kunstform Geschichtsunterricht geprägt sein sollten. Eine unverzichtbare Stütze ist ein Materialkorpus mit grundlegenden Fachtexten, Quellen und weiteren Darstellungen. Dieses Konvolut kann durch eigenständige Recherchen erweitert werden, bildet aber die gemeinsame und verbindliche Basis. An der Problemlösung wird in Gruppen gearbeitet. Die durch die Kooperation entstehende Fachkommunikation ist ein wichtiger Bestandteil des Konzepts.

Die Vertreter des PBL begründen die Vorteile des didaktischen Prinzips mit dem authentischen Lernen und dem Konstruieren einer flexiblen Wissensbasis. So könne die Problemlösefähigkeit verbessert und der Erwerb von Fähigkeiten zum lebenslangen Lernen weiterentwickelt werden (Bostic 2014, S. 74; Savery 2006). Auch die steigende Motivation der Lernenden wird als Positivum betont (Hmelo-Silver 2004). Eine sinnvolle Heranführung der Schüler an diese Großform des historischen Arbeitens im Unterricht kann durch ein Beispiel illustriert werden. Nach der Unterrichtsreihe zur Französischen

Revolution bietet es sich beispielsweise in der Nähe von Mainz an, ein regionalgeschichtliches Projekt anzuschließen, das sich mit dem Ausgreifen der Revolution in das heutige Rheinland-Pfalz, d.h. mit der Mainzer Republik 1792/93, beschäftigt. Die Problemsituation sollte möglichst authentisch gestaltet werden, indem etwa ein Aufruf des Europäischen Parlamentes zur Einreichung von Vorschlägen für eine ‚europäische Straße der Demokratiegeschichte' fingiert wird. Die Situation wird mit den in ähnlichen Ausschreibungstexten üblichen Bestandteilen angereichert: genauere Erklärung, Festlegung des einzureichenden Produktes (z.B. eines Flyers), Ausweisung der Entscheidungskriterien etc.

Im Zuge der Einführung des problembasierten Lernens als eine grundlegende Arbeitsform in einigen Schulen und Universitäten sind Kriterienkataloge für gute Lernarrangements zusammengestellt worden, die die Problemsituation, d.h. das Spannungsfeld zwischen Problemstellung und Produkt, als „zentralen Faktor des PBL-Lernprozesses" ausweisen (Werder Müller 2013, S. 61).

Aspekte (im Wortlaut)	**Erklärung**
Authentizität aus Sicht der Lernenden	Die Problemstellung sollte aus Sicht der Lerner in einer „lebensnahe(n) Situation" verortet sein. Dies kann sich bei geeignetem Alter auch auf spätere berufliche Perspektiven beziehen. Bsp. Mainzer Republik: Die Teilnahme an Ausschreibungen mit der Ausarbeitung einer ansprechenden Präsentation gehört in vielen Berufen zum modernen Alltag.

Formale Struktur der Problemformulierung Kontext der Problemstellung	Die Formulierung sollte möglichst wenig an Schulaufgaben erinnern, sondern eher die Problemlösefähigkeit im Alltag oder im Beruf in den Mittelpunkt stellen. Bsp.: Das Format von ähnlichen Ausschreibungen sollte aufgegriffen, das Setting zusätzlich angereichert werden, indem etwa Rollen mit Funktionszuordnungen in den Gruppen verteilt werden (Tourismusbeauftragte, Historiker etc.).
Fachbegriffe als Bausteine von Wissensstrukturen Angemessene Komplexität	Die Schilderung der Problemsituation sollte bereits auf die zentralen Begriffskonzepte verweisen und so den Wissensaufbau vorbereiten. Die Problemstellung soll es den Schülern erlauben, auf Vorwissen zurückzugreifen, aber dennoch eine deutliche Herausforderung beinhalten. Bsp.: Begriffskonzepte um Freiheit, Gleichheit, Menschenrechte, Verfassungsfragen wurden bereits in der Unterrichtsreihe zuvor aufgebaut und werden durch das Projekt erweitert. Die eigenständige Erarbeitung eines neuen Themas (anhand eines Materialkorpus) stellt hohe Anforderungen, zumal die Deutung der Republik in der Öffentlichkeit und im Fach umstritten ist und bis heute die Bruchlinien deutsch-deutscher Erinnerung aufzeigt.
Lernfelder als Lerninhalte	Problembasiertes Lernen wird oft in Verbindung mit fachübergreifendem Lernen gebracht. Diese Verortung wird in dem hier skizzierten Konzept nicht in den Vordergrund gestellt. Es soll vielmehr darum gehen, zunächst die eigenständige, fachbezogene Problemlösefähigkeit zu entwickeln.
Relevanz und Nachhaltigkeit	Bsp.: Eine ‚europäische Straße der Demokratiegeschichte' eröffnet im Laufe des Oberstufenunterrichts viele Anknüpfungspunkte, um einzelne Themen und Reihen aus dem Lehrplan aufzugreifen und zu vertiefen. Es kann auch nach Orten und Regionen gefragt werden, die im Lehrplan zu kurz kommen (vgl. ‚Problemen der Zugriffsperspektiven und Raumvorstellungen', vgl. Kap. 3.3.2).

Abb. 7: Gestaltung von Problemsituationen im PBL nach Werder Müller (2013, S. 61–63).

3. Die Probleme

Geschichte ist eine Domäne, die durch so genannte schlecht strukturierte Probleme (*ill-structured problems*) gekennzeichnet ist. Im Gegensatz zu Fragestellungen, wie sie den Schülern in naturwissenschaftlichen Fächern begegnen können, endet eine Geschichtseinheit nicht mit einer richtigen oder falschen Lösung für ein eingangs formuliertes Problem, sondern mit einer Diskussion und Reflexion der Lösungsmöglichkeiten, die eine eigene Entscheidung zwar beinhalten, aber nicht zum alleinigen Kern machen. Im Vordergrund steht stets die Frage nach der Triftigkeit und Fundierung der Argumentation. „Probleme" eröffnen im Vergleich zu einfachen „Fragen" einen größeren Rahmen, weil der Fragende in seiner sozio-kulturellen Gegenwartsverortung einbezogen und ein kognitiver Kontext geschaffen wird, um den Aufbau von Lernprozessen zu fördern (Seidel/Reiss 2006, S. 257).

Wie oben schon angesprochen sollen im Geschichtsunterricht unterschiedliche Problemtypen herangezogen und sinnvoll miteinander kombiniert werden. In Handbuchbeiträgen wurden bereits Vorschläge für eine Kategorienbildung gemacht: Genannt wurden beispielsweise Gegenwartsprobleme, Forschungsprobleme, Probleme der Vergangenheit, der Historizität, der Urteilsbildung und Probleme der öffentlich inszenierten Geschichtsdeutung (Hensel-Grobe 2012, S. 54 ff.; Barricelli 2007, 82 ff.; Pandel 2006, S. 144 f.). Diese Liste wird im Folgenden aufgegriffen, neu gruppiert und weiter ausdifferenziert. Dabei werden die Problemtypen in vier Kategorien zusammengefasst, die die Planung von Unterrichtsreihen erleichtern und das bislang oft additive und starre Konzept des POGU flexibilisieren sollen (vgl. Kap. 2.2). Die Kategorien beziehen sich auf die Funktionen, die die Problemtypen bei der Förderung von Lernprozessen einnehmen können. Die Abb. 8 zeigt eine Übersicht zu der Grundverortung der Kategorien zwischen den großen Bezugs- und Dialogpolen von Gegenwart/Zukunft und Vergangenheit sowie von Gesellschaft und Fachlichkeit.

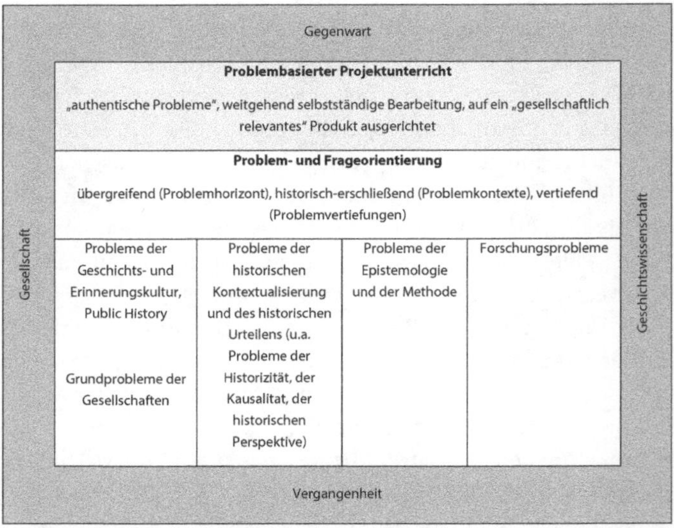

Abb. 8: Übersicht über die Problemkategorien und -typen.

a) Der Dialog zwischen der Lebenspraxis bzw. der Gegenwartserfahrung und der Vergangenheit wird in besonderer Weise mit den ‚Grundproblemen der Gesellschaften‘ und den ‚Problemen der Geschichtskultur‘ als Kategorie der ‚Problemhorizonte‘ angeregt. Diese Problemstellungen bieten Lernmöglichkeiten, die sich auf die Weiterentwicklung der gesellschaftlichen Basiskonzepte der Schüler ausrichten.
b) Die Problemtypen, die eine Ausdifferenzierung der Fachkonzepte (u.a. Kontinuität/Wandel, Ursache/Wirkung) anregen sollen, werden in der Kategorie der ‚Problemkontexte‘ zusammengefasst. Sie werden als zentrale Kategorie der Graphik ausgewiesen, da sie die ‚Grundprobleme‘ fachspezifisch erschließen und deshalb eine große Bedeutung im Hinblick auf die Kompetenzentwicklung haben.

c) Die Kategorie der ‚Problemvertiefungen' umfasst Problemtypen, um nach dem „Bauplan" von Geschichtserzählungen zu fragen oder Besonderheiten und Schwierigkeiten im historischen Erkenntnisverfahren zum Kern von Unterrichtseinheiten zu machen. Unter vielen anderen Möglichkeiten können auch die ‚Probleme der historischen Kontextualisierung' aufgegriffen werden. Im Unterschied zu b) steht dann aber nicht das Thema, sondern die historische Methode im Vordergrund. Diese Kategorie zielt besonders darauf, das prozedurale Wissen der Schüler zu vertiefen und so im Bewusstseinshorizont zu verorten, dass es für eine Reflexion des eigenen Tuns im Fach genutzt werden kann (metakognitives Wissen).
d) Die Forschungsprobleme werden als eigene Kategorie in diesem Schema verortet. Sie führen an die fachwissenschaftliche Auseinandersetzung mit Geschichte heran, fragen nach den Spezifika der historischen Forschung und erkunden die gesellschaftliche Relevanz konträrer Forschungsperspektiven. Sie eignen sich erst dann, wenn die Jugendlichen schon eine Grundfertigkeit entwickelt haben, einen Bezug zwischen der eigenen Person bzw. ihrer Gegenwart und der Vergangenheit herzustellen, da vorformulierte Probleme übernommen werden und das Inbezugsetzen rezeptiv und nicht aktiv erfolgt.

Die einzelnen Problemtypen werden im Folgenden im Hinblick auf zwei Aspekte charakterisiert: Einerseits werden mögliche Funktionen innerhalb einer Unterrichtsreihe ausgewiesen, andererseits werden sie als Zugriffe auf eigenständige Unterrichtseinheiten beschrieben. Sie können so auch ohne die Zuordnung zu Kategorien und jenseits einer Planung von Reihen als Ideenpool für vielfältige Problemstellungen genutzt werden. Grundsätzlich sei noch bemerkt, dass keine Vollständigkeit angestrebt werden soll, die Liste der Problemtypen ist jederzeit erweiterbar.

3.1 Problemhorizonte: Probleme der historischen Orientierung

Die Probleme der historischen Orientierung bzw. die „Orientierungsprobleme der Gegenwart" (Barricelli 2007, S. 84) fragen nach der Bedeutung eines Themas für die Lernenden. Sie verknüpfen die Gegenwart und die Lebenswelt der Schüler mit den historischen Themen und ermöglichen in weiterer Perspektive die „Ausrichtung praktischer Lebensvollzüge an erfahrungsgesättigten Zeitverlaufsvorstellungen" (Rüsen 2001, S. 85). Es geht dabei um die Identitätsbildung als „Formierung einer historischen Perspektive von Zugehörigkeit und Unterscheidung, die Integration transpersonaler Zeiterfahrung und -deutung in die zeitliche Vorstellung des eigenen Selbst" (ebd.). Diese Kategorie bezeichnet die unverzichtbare Grundlage eines Unterrichts, der seiner Aufgabe in der Demokratiebildung gerecht wird. Die weiteren, unten genannten Kategorien erhalten ihre Bedeutung für ein historisches Lernen erst durch diesen übergeordneten Horizont.

Dennoch ist es gerade der Gegenwarts- und Lebensweltbezug, der die Problemorientierung zu einem hochkomplexen Prinzip macht, das sich weder auf Lehrer- noch auf Schülerseite schnell erfassen und meistern lässt. Waltraut Schreiber hat 2005 die Herausforderungen ausgelotet und dabei auf die oft zu einfach gedachte Anbindung an subjektive Erfahrungen der Jugendlichen verwiesen, die „für das historische Lernen geradezu fatal" seien (Schreiber 2005b, S. 316 ff.). Solche Ansätze führen zur Enthistorisierung und verhindern die eigentliche Auseinandersetzung mit den vergangenen Gesellschaften. Aktuelle Bilder vom Hochwasser in den Straßenzügen moderner Städte sind nicht unbedingt geeignet, um eine vertiefte Auseinandersetzung mit der Nilschwemme und dem „Nil als Lebensader" des Alten Ägyptens (LP RS, Bayern, G6) einzuleiten. Solche Gleichsetzungen, selbst wenn sie in der Vorüberlegung des Lehrers im weiteren Unterrichtsverlauf ausdifferenziert werden sollen, führen zu falschen Vorstellungen, die in der angelsächsischen Didaktik unter dem Begriff *presentism* diskutiert werden. In der Unterrichtsvorbereitung ist es sinnvoll, beide Aspekte zu reflektieren: Die Bedeutung des Gegenwartsbezuges und die Gefahr, die von einer falschen oder zu trivialen Verortung ausgeht. Ziel des POGU ist es, Schülern dabei zu helfen, sich mit Maßnahmen, Mentalitäten und Gegebenheiten auseinanderzusetzen, die weit von ihnen entfernt sind, um andere Horizonte und Einblicke in die Geschichtlichkeit kultureller Einbindungen zu gewinnen. Es geht um eine Meta-Ebene, um die Revision, die Erweiterung und das Hinterfragen des eigenen Geschichtsbildes und der eigenen kulturellen Einbindungen (vgl. u.a. Gautschi et al. 2009, S. 4; Rüsen 2001, S. 87). Es geht nicht darum, die vergangenen Welten näher an heutige Verhältnisse zu rücken und dadurch falsche Zugänge zu schaffen, die historisches Lernen in den Augen der Schüler sogar unnötig machen könnten.

3.1.1 Grundprobleme der Gesellschaften

Erstens: Perspektive Gegenwart

Beispiele:

- Die Revolutionen im „langen“ 19. Jahrhundert: Freiheit und Gleichheit für alle? (Bezug: Menschenrechte und Demokratisierung)
- Die Industrialisierung im 18./19. Jahrhundert: Fortschritt oder Zerstörung? (Bezug: Umwelt, Technikfolgen, gerechte Verteilung)
- Gesellschaftstheorien im 19. Jahrhundert: Freiheit als Problem? (Bezug: Menschenrechte, Glück)
- Kalter Krieg oder Ost-West-Konflikt? (Bezug: Krieg und Frieden)

Mit den Gegenwartsproblemen werden die Grundphänomene der *condicio humana* bzw. der *societas humana* (Arno Borst) in den Vordergrund gestellt, die auch den Schülern und Schülerinnen zumindest in gewissen naiven Vorstellungen präsent sind.[7] Zu dieser Kategorie gehören nach dem „Kriterium der

Bedeutsamkeit" (Uffelmann 1990, S. 111) diejenigen Fragestellungen, die sich mit den Ursachen gegenwärtiger Probleme auseinandersetzen (Bergmann 2007, S. 100) und jene, die „Sinnzusammenhänge" herstellen, d.h. nach vergleichbaren, aber eben nicht kausal verknüpften Situationen in der Vergangenheit fragen. In Rückgriff auf die „epochaltypischen Schlüsselprobleme" (Klafki 1992, Meyer/Meyer 2007, S. 122f.) formulierte Klaus Bergmann eine Reihe von Aspekten als Ausgangspunkte für „Große Fragen" (Abb. 9).

Fragen nach	
• Gerechtigkeit und gutem Leben • Glauben und Hoffnungen • Partizipation und Mitbestimmung • Gewalt, Krieg und Frieden • Gleichberechtigung der Geschlechter • Solidarität, Brüderlichkeit und Schwesterlichkeit • Verfolgung und Unterdrückung • Arbeit und Arbeitslosigkeit • Armut und Ausbeutung • Freiheit und unveräußerlichen Menschenrechten	• „Heimat", Flucht, Vertreibung, Migrationen • Umgang mit Minderheiten • Nationalismus, Rassismus und Fundamentalismus • Toleranz und Hilfe für die Schwachen • Gesundheit und Krankheit • Protest und Widerstand • menschenverträglichem Leben in den Beschleunigungen der Zeiten • schutzwürdigen Errungenschaften • der Umwelt oder der Bewahrung der Schöpfung

Abb. 9: „Große Fragen" (Bergmann 2012, S. 27f.).

Jörn Rüsen arbeitete unter dem Aspekt „Die Menschwelt als Spannungsfeld" Gegensätze heraus, die jedes Individuum und jede Gruppe betreffen. In diesen Feldern vollziehen sich Leben und Gesellschaft: „Alle möglichen Vorgänge lassen sich im komplexen Beziehungsgeflecht dieser Unterschiede und Gegensätze einordnen" (Abb. 10).

Die Spannung zwischen			Stichpunkte zur Erklärung der jeweiligen Spannungsfelder
Natur	–	Kultur	fundamentale Herausforderung der Selbstbehauptung
Oben	–	Unten	soziale Hierarchien
Zentrum	–	Peripherie	räumliche Organisation des menschlichen Lebens
Innen (Zugehörigkeit)	–	Außen (Abgrenzung)	personale und soziale Identität
Mann	–	Frau	Geschlecht als fundamentale soziale Kategorie
Alt	–	Jung	sozialer Status, Erziehungsprozesse
Macht	–	Ohnmacht	Machtverhältnisse
Handeln	–	Leiden	Vorstellungen eines gelungenen Lebens, Glück
Freund	–	Feind	Gewaltverhältnisse des menschlichen Lebens
Herr	–	Knecht	Lebensläufe und Machtverhältnisse – ökonomisch, politisch
Arm	–	Reich	Verfügung über die Güter des Lebens
Individualität	–	Gesellschaftlichkeit/ Kollektivität	(Individuum und Gruppe), menschliche Subjektivität
Innerweltlichkeit	–	Transzendenz	grundlegende Strukturen der Deutung von Mensch und Welt; religiöse und säkulare Dimensionen des Weltverständnisses
Menschlich	–	Nicht-Menschlich	Bedingungen der Lebenspraxis; was heißt es Mensch zu sein
Gut	–	Böse	ethische und moralische Regelung des menschlichen Zusammenlebens

Abb. 10: Die „Menschenwelt als Spannungsfeld" (in Anlehnung an die Beschreibung Rüsens 2013, S. 114 ff.; 2020, S. 105 ff.).

Einen weiteren Impuls für das Herausarbeiten von Problemhorizonten können die zunächst in Frankreich und dann international viel diskutierten QSV (*questions socialement vives*) bzw SAQs (*socially acute questions)* bieten (Legardez 2006). Die QSV werden als Ausgangspunkt für Lernprozesse gesehen, die den Wissenserwerb in einer oder mehreren Disziplinen anregen sollen, um auf diesem Fundament aufbauend das Herausarbeiten und argumentative Vertreten einer eigenen Position und damit eine Teilhabe am politisch-gesellschaftlichen Diskurs zu ermöglichen (Pineda-Alfonso/Navarro-Medina 2018, S. 487). Unter den QSVs werden Fragen verstanden, die in der Gesellschaft „heiß“ und medial präsent sind sowie in den einzelnen Disziplinen im Fachdiskurs eine Rolle spielen. Die Beispiele weichen nicht unbedingt weit von den oben schon aufgeführten „großen Fragen“ ab, genannt werden beispielsweise Idenität, Migration, Zugangsberechtigungen und Verteilung etc. Das didaktische Konzept umfasst auch pragmatische Überlegungen im Hinblick auf den Umgang mit kollidierenden Wertesystemen und -konflikten in der Klasse. Die Forscher, die sich mit diesem Ansatz auseinandersetzen, betonen die Notwendigkeit, konstruktivistische Lernprozesse besser zu verstehen und diagnostizieren zu können (Simmoneaux/Legardez 2010, S. 26).

Die „Großen Fragen“, die QSV und die „Spannungsfelder“ bieten Anhaltspunkte für Gegenwartsprobleme, sollten aber umsichtig in eine Unterrichtsplanung umgesetzt werden. Kritiker haben beispielsweise auf die Anfälligkeit für normative Aufladungen verwiesen (u.a. Dressler 2013, S. 191). Auch darf mit solchen großen Problemsetzungen keine zu linear interpretierte Problemlösefähigkeit verbunden werden. Die eigentlichen Probleme der Gegenwart lassen sich nicht im Geschichtsunterricht lösen. Die Fragestellungen an die Geschichte richten sich auf eine Orientierung über Zeiterfahrung aus, die auf Grundlage historischer Erkenntnisarbeit gewonnen wird. Die Schüler sollen aus der Geschichte zum einen Handlungs- und Entscheidungsalternativen zu gegenwärtigen Perspektiven gewinnen und zum anderen ein stetig wachsendes Verständnis für das Gewordensein unserer heutigen Kultur und Gesellschaft mit allen Brüchen und Zäsuren entwickeln.

Grundbegriffe als Orientierung

Die oben genannten Aspekte der Grundprobleme umfassen viele geschichtliche Grundbegriffe, die den Schülern im Laufe der Mittelstufe in ihrer sich wandelnden historischen Bedeutung deutlich werden sollen. „Historische Begriffe sind schwer zu klassifizieren. Sie bewegen sich auf unterschiedlichen Abstraktionsniveaus [...] und fungieren als theoriebasierte Denkwerkzeuge, müssen aber dennoch als Deutungsinstrumente kritisch hinterfragt werden." (Handro 2018, S. 21). Die Dechiffrierung dieser wandelbaren Codes durch historische Erkenntnisarbeit ist ein wichtiger Schlüssel, den das Fach Geschichte für eine Welterschließung anbieten kann.

Am Beispiel der Unterrichtsreihe zur Französischen Revolution soll dies kurz ausgeführt werden. Das Begriffspaar ‚Freiheit und Gleichheit' eignet sich, um daraus ein Problem zu formulieren, das Vergangenheit und Gegenwart miteinander verbindet, wenn beispielsweise nach Partizipationsmöglichkeiten und Zugangsberechtigungen gefragt wird. Die Begriffe sind, wie Clemens Knobloch dies 1992 formulierte, „begriffsgeschichtlich geadelt".[8] Sie sind alltäglicher Sprachgebrauch, „man kann sie benutzen und mit eigenen Botschaften füllen"[9], vor allem auch propagandistisch wenden. Dennoch haben sie einen für jedes gesellschaftliche Verstehen unabdingbaren fachlichen Kern, der sich erst durch die Einbettung in tiefere Horizonte der Zeitlichkeit erschließt. Jugendliche können „Freiheit" als Parole der Revolution erst verstehen, wenn sie die Unterschiede zwischen ihrem eigenen Wortgebrauch und den historischen Begriffskonzepten erkennen und wenn sie den Begriffswandel zur Zeit der Französischen Revolution als Ausdruck eines neuen Weltbildes erfassen. Dazu müssen sie die Dimensionen des Begriffes in den Vorgesellschaften (Freiheit vor Gott, ständische Freiheit, Freiheit als Privilegiengewährung durch die Staatsgewalt) kennen sowie die „natürliche Freiheit" mit der Freiheit als Grundwert staatlicher Verfassung in Beziehung setzen können und im Zusammenklingen mit dem Begriff der „Gleichheit" erfassen.[10] Dies lässt sich mit jungen Lernenden nicht in einer Stunde zur Begriffsgeschichte realisieren, sondern nur durch die Arbeit mit historischen Kontexten: Ereignisse, Strukturen, historische Perspektiven müssen sich zu einem Skript entwickeln können, vor dessen Hintergrund die Begriffsveränderungen erfasst werden.

Mit den genannten Begriffen verbinden die Schüler zunächst subjektive Theorien, z.B.: „Früher hatte das Volk nichts zu sagen und musste machen, was der König sagt. Das hat sich dann geändert, die Leute wurden freier und konnten mehr tun, was sie wollten.“ (Schüler aus einer 9. Klasse, Begriffsdefinition Freiheit). Die Unterrichtsreihe ‚Französische Revolution‘ sollte dazu beitragen, solche naiven Vorstellungen auszudifferenzieren. Ein erster Zugriff kann etwa wie folgt geplant werden:

Die Französische Revolution: Eine Revolution für Freiheit und Gleichheit?

In der Einstiegsphase werden in einem Unterrichtsgespräch oder in einer Mind Map die Assoziationen der Schüler zu den Begriffen (Ebene: Gegenwart) gesammelt und besprochen. Dabei können wichtige Konzepte ergänzt werden (z.B.: Wo werden die Menschenrechte in die Mind Map eingeordnet? Welche Rolle spielen Wahlen und das Wahlrecht für den Begriff der politischen Freiheit?) In einem zweiten Schritt wird die historische Dimension aufgegriffen. Durch Vorwissen aus den Unterrichtsreihen zum *Ancien Régime* und zur Aufklärung können die Jugendlichen erste Hypothesen entwickeln, welche Vorstellungen mit „Freiheit und Gleichheit“ am Vorabend der Revolution verbunden wurden.

In der Erarbeitungsphase wird eine historische Perspektive erschlossen, die exemplarisch zentrale Aspekte in den Debatten um 1789 aufzeigt. Die Schriften von Emmanuel Joseph Sieyès (u.a. „Was ist der Dritte Stand?“, 1789; „Von dem Zuwachse der Freiheit in dem Gesellschaftsstande und in dem Stellvertretungssystem“, Juni 1793[11]) bieten sich für die Analyse und Interpretationsphase an. In der genannten Flugschrift von 1789 (vgl. Kap. 2.1.3) etwa baute Sièyes seine theoretischen Überlegungen auf der Schilderung konkreter Lebensumstände auf. Er sprach so ein breites Publikum an. Die Flugschrift wurde weithin rezipiert und erzielte große Wirkung. Insofern erfüllt die Quellenauswahl die Kriterien der Exemplarität, denn sie eröffnet den Schülern und Schülerinnen einen Zugang zu den zeitgenössischen Vorstellungen, die sich um diese Begriffskonzepte gruppierten.

Der Wissenserwerb steht noch nicht im Vordergrund, die thematische Konkretisierung soll es den Schülern und Schülerinnen vor allem ermöglichen, einen ersten Anker in der Vergangenheit zu setzen und selbst Fragen an diese Vergangenheit zu formulieren (z.B.: Ist eine Revolution zwangsläufig, um Gleichheit durchzusetzen? Sind Freiheit und Gleichheit überhaupt vereinbar oder sind sie sogar unabdingbare Partner? Sprach Sièyes für eine große Gruppe? Welche anderen Positionen gab es? Setzte sich Sieyès mit seiner Position durch? Veränderten sich die Forderungen im Laufe der Zeit? Welche Rolle spielte Sièyes im Laufe der Revolution?). Eine solche Unterrichtseinheit kann nicht alleine stehen, dann wäre sie unsinnig und letztendlich falsch. Sie gewinnt ihre Relevanz erst innerhalb einer Reihe, die diese Einführung mit den daraus entwickelten Fragen immer wieder aufgreift.

Am Ende der Reihe, d.h. nach einer intensiven Beschäftigung mit der Französischen Revolution, wird das übergreifende Problemziel für eine abschließende Unterrichtseinheit aufgegriffen. Dabei ist die Stunde auf die historische Orientierung ausgerichtet. Die neu gewonnenen Dimensionen aus der Unterrichtsreihe, die auch geschichtskulturelle Fragen, z.B. nach den Hintergründen des sich erst später formenden Leitspruches ‚Freiheit, Gleichheit, Brüderlichkeit' umfasst, sollen in eine Abschlussdiskussion einbezogen werden, um historische Urteile zur Französischen Revolution fundiert zu entwickeln und zu diskutieren. Die Auseinandersetzung mit zeitgenössischen Urteilen kann hilfreich sein (z.B. Goethe: „Gesetzgeber oder Revolutionäre, die Gleichsein und Freiheit zugleich versprechen, sind Phantasten oder Charlatans. Eingebildete Gleichheit: das erste Mittel, die Ungleichheit zu zeigen."[12]). Als Vorbereitung der Abschlussdiskussion eignet sich auch eine Erarbeitungsphase, in der sich die Schüler und Schülerinnen in Gruppen damit auseinandersetzen, ob sie einer Ausstellung zur Französischen Revolution den Untertitel „Freiheit, Gleichheit, Brüderlichkeit" geben würden. Die Gruppen erarbeiten kurze, aber begründete Stellungnahmen und skizzieren ergänzend, wie sie mit der öffentlichen Verschlagwortung der Französischen Revolution mit dieser Begriffstrilogie in ihrer Ausstellung umgehen würden.

Systematisierung

Für den Geschichtsunterricht in chronologisch strukturierten Sequenzen oder epochalen Schwerpunkten, wie sie viele Mittelstufenlehrpläne vorgeben, ist die Erarbeitung einer gewissen Systematik zu den Grundproblemen geeignet, um den Schülern eine Verknüpfung über Epochen hinweg zu erleichtern. Der Lehrplan für die Sekundarstufe in Rheinland-Pfalz gibt ein solches Vorgehen sogar vor. In vier Kategorien (Gesellschaft, Herrschaft, Wirtschaft, Weltdeutungen) werden „immer wiederkehrende Fragen" definiert (LP RLP, Sek I, S. 84). In der Kategorie Herrschaft soll beispielsweise bei allen epochalen Schwerpunkten jeweils nach der Legitimation von Herrschaft und nach Partizipationsmöglichkeiten, in der Kategorie „Weltdeutungen" u.a. nach dem Stellenwert von religiösen und philosophischen Themen für das Zusammenleben von Menschen gefragt werden (S. 85).

Noch einen Schritt weiter gehen Überlegungen, die Norbert Zwölfer mit einer „stringenten Systematik der Analyse" publizierte (Zwölfer 2003). Er legt den Fokus auf eine Erschließung und ein Verstehen vergangener Gesellschaften, um ein zu frühes, dann eher emotional-moralisches Urteil als naive Übertragung von der Gegenwart auf die Vergangenheit zu vermeiden. Sein Hauptziel war es, eine für Schüler (Sekundarstufe II) einsichtige und stringente Systematik für das Fach zu entwickeln, um auch Vergleiche zu ermöglichen. Aus dieser Überlegung heraus definierte er „kategoriale Einsichten", die durch sechs verschiedene Aspekte des Zugriffs auf Inhalte gewonnen werden können und – soweit möglich – innerhalb eines epochalen Schwerpunktes Beachtung finden sollen (Abb. 11).

Begriffe	**Fragen**
Herrschaft *und* Freiheit	Wie war das Spannungsverhältnis von Herrschaft und Freiheit geregelt und wie wurde es legitimiert?
Soziale Ungleichheit *und* soziale Gleichheit	Wie hat man Grundfragen von sozialer Ungleichheit und sozialer Gerechtigkeit zu lösen versucht?
Individuum *und* Gesellschaft	Wie war das Verhältnis von Individuum und Gesellschaft? Was hat man den Individuen zu regeln überlassen und was wurde der Gesellschaft bzw. dem Staat übertragen?
Krieg *und* Frieden	Wie hat man die Fremden – die anderen Gesellschaften – wahrgenommen und wie hat man bezüglich Krieg und Frieden gedacht und gehandelt? Wie wurde dies begründet?
Umwelt *und* Beherrschung der Natur	Auf welche Weise ist man mit der Umwelt/Natur umgegangen?
Sinnfrage *und* Weltdeutung	Wie haben diese Gesellschaften über die Sinnfrage nachgedacht und mit welchen Denkansätzen haben sie ihre Existenz und die Welt gedeutet?

Abb. 11: Die sechs „kategorialen Einsichten" nach Norbert Zwölfer (2003, S. 12 ff.).

Die „kategorialen Einsichten" lassen sich durch weitere Reflexionsfelder ergänzen, um kulturgeschichtliche Fragestellungen besser zu integrieren. Denn indem Kultur nicht als eine besondere Hervorbringung interpretiert wird, nicht als Zustand, „sondern vor allem als dynamischer Prozess ständiger Stiftung oder auch Verweigerung von Sinn durch individuelle und kollektive Akteure" (Jordan 2008, S. 11), eröffnen sich neue Perspektiven.

So wäre in Bezug auf die Auseinandersetzung in der Kategorie „Individuum und Gesellschaft" die Frage nach dem Umgang mit Minderheiten und nach Inklusion/Exklusion anzufügen und eine weitere Zentralkategorie ‚Kultur und Kulturen' zu empfehlen, um für Jugendliche greifbar und nachvollziehbar einen Schwerpunkt zu verankern, der sich mit „Phänomenen mentalen Wandels, dem Interagieren zwischen unterschiedlichen kollektiven Identitäts- und Wertekonzepten," der Interaktion zwischen Wertsetzungen und der Gestaltung/Veränderung von sozialen Beziehungen auseinandersetzt (Zech 2015, S. 134). Zudem ist die Bedeutung von Kommunikation für uns und unsere Selbstdefinition so groß, dass dies eine eigene kategoriale Einsicht formen könnte. Dabei ginge es um Fragen nach Kommunikationsformen und -gewohnheiten vergangener Gesellschaften, um die Medien, die verbale und nonverbale Symbolik, Mündlichkeit und Schriftlichkeit und um kulturelle Repräsentationen.

Geeignet sind auch Zugriffe aus der historischen Anthropologie und der Emotionsforschung, um das Interesse und die Betroffenheit von Jugendlichen mehr zu beachten. „Themen wie Liebe, Leid, Hass, Trauer, Tod, Arbeit, Krankheit, Transzendenz, Religiosität, Sexualität greifen menschliche Grunderfahrungen oder existenzielle Daseinsfragen auf ..." (Buck 2012, S. 295). Die Jugendlichen suchen nach ihrer Rolle in und nach einem Verständnis für die Welt. So kann die Auseinandersetzung mit Geschichte auch in sehr persönlichen Fragestellungen eine Horizonterweiterung ermöglichen. Die *conditio humana* würde damit nachhaltiger im Geschichtsunterricht verankert werden.

Zusammenfassend kann festgestellt werden, dass sich die Grundprobleme aus unterschiedlichen gesellschaftlichen Kategorien und Aspekten gewinnen lassen. Die gedankliche Annäherung in der Unterrichtsplanung kann über die Schlüsselprobleme nach Klafki, die „Großen Fragen" nach Bergmann, die „Spannungsfelder" nach Rüsen, die Dimensionen von Lebensformen nach Arno Borst, über aktuelle kulturwissenschaftliche Fragestellungen oder über die oben genannten, bereits ausgearbeiteten Systematiken erfolgen. Die Ansätze zeigen eine ganze Reihe von Gemeinsamkeiten auf und bieten doch jeweils in sich noch einmal Anregungen, deshalb wurden sie in dieser Vielzahl vorgestellt. Die Grundprobleme sollen Schülern eine Erschließung ihrer Welt über das Fach Geschichte ermöglichen. Daran richten sich die Auswahl und die Formulierung dieser Probleme aus.

Zweitens: Perspektive Vergangenheit

Die Kompetenz-Strukturmodelle historischen Lernens und insbesondere die Problemorientierung fördern eine Auseinandersetzung mit Geschichte, die für die Schüler und Schülerinnen aus ihrer eigenen lebensweltlichen Erfahrung heraus bedeutsam ist. Das ist zentral und unabdingbar. Dennoch gibt es auch berechtigte Einwände gegen einen Geschichtsunterricht, der sich zu sehr oder nur von der Gegenwart her definiert. Im negativen Fall verleitet er Jugendliche dazu, Vergangenheit eindimensional auf die Gegenwart auszurichten und sie so als Bestätigungsraum für gegenwärtige Orientierungen zu definieren. Diskussionen um eine solche Fehlentwicklung wurden u.a. zwischen Geschichtswissenschaftlern und Geschichtsdidaktikern geführt (vgl. u.a. Nipperdey 1972). Auch wenn einige Missverständnisse die Debatte begleiteten, muss die skizzierte Gefahr ernst genommen werden. Das nicht mehr Präsente, das besonders fremd und ungewöhnlich ist oder von der Geschichte gleichsam überholt wurde, kann durch eine Beschäftigung mit den ‚Problemen der Vergangenheit' einen Platz finden.

In diese Kategorie fallen Probleme, die sich Menschen in der Vergangenheit stellten, die wir, da wir den weiteren Gang der Geschichte kennen, im ersten Zugang nicht mehr als relevant erachten würden. In vergangener Zeit aber handelte es sich um virulente und viel diskutierte Problemstellungen, die Auswirkungen auf Denkmuster und Weltvorstellungen hatten (Bergmann 2012, S. 61). Solche Probleme erfordern eine schon weiter ausgebildete Bereitschaft und Fähigkeit der Schülerinnen und Schüler, die Retrospektive durch eine historische Perspektive zu ergänzen. Ein Beispiel für das 15. Jahrhundert ist die Frage: ,Wie kann man die Einheit der Kirche bewahren und doch Reformen umsetzen?' Erst aus der Retrospektive wirkt die Reformation wie eine festgelegte Antwort, die andere Alternativen überlagert. Eine Beschäftigung mit dem Konziliarismus, den Reformvorschlägen (z.B. Cusanus) und den Debatten über Partizipation, die sich in diesen Kontexten intensivierten, können zu einer Reflexion tradierter Geschichtsbilder beitragen. Eine Epochengrenze 1517 wird so fast selbstverständlich in Frage gestellt. Ebenso spiegelt die Problemstellung ,Die Sorge um das Seelenheil – Handeln für oder Rechnen mit der Ewigkeit?' eine Frage wider, die im Spätmittelalter von großer Bedeutung für die Menschen in verschiedenen gesellschaftlichen Situationen war. So ist die inhärente Verknüpfung zu einer anthropologischen Grundfrage nach dem Sinn des Lebens und dem Weiterleben nach dem Tod zwar immanent, in dieser Stunde aber nicht im Vordergrund. Im Zentrum steht ein Herantasten an die fremde Welt des 15. Jahrhunderts.

Letztendlich verbindet sich mit den doch recht sperrigen ,Problemen der Vergangenheit' eine vertiefte historische Auseinandersetzung, die auch danach fragt, welche Grundfragen und Problemhorizonte die Menschen damals für sich als Individuum und für die Gesellschaft selbst definierten. Die ,Probleme der Vergangenheit' stellen hohe Anforderungen an die Unterrichtskonzeption. Die Schüler müssen bereits gut in die Epoche eingearbeitet sein, um etwa die Frage nach dem Seelenheil nicht als das primitive, naive Andere einer rückständigen Gesellschaft anzusehen (*the divi past*, vgl. unten). Sie sollten verstehen können, dass das Stiftungsverhalten gesellschaftskonform sowie gemeinschaftskonstituierend war und in engem Bezug zur sozialen Gruppe stand.

Drittens: Grundprobleme als Längsschnitte

Beispiele:

- Armut und Reichtum: „Hilfe bei individueller Armut – eine Verantwortung der Allgemeinheit?"[13]

- Widerstand in Geschichte und Gegenwart: Illegitim, zulässig oder sogar geboten?

Die Grundprobleme lassen sich heranziehen, um Unterrichtsreihen als epochenübergreifende Längsschnitte zu planen, wie dies in Lehrplänen auch zum Teil vorgegeben oder angeregt wird. Sie werden dann zum Auswahlkriterium für die Themen und zeitlichen Schwerpunkte. Dies birgt Chancen und Gefahren für ein historisches Lernen.[14] Einerseits werden durch das diachrone Verfahren zeitgenössische Kontexte und gesellschaftliche Komplexitäten auf eine Fragestellung verengt. Eventuell werden auch naive Sinnbildungen fälschlich gefördert, wenn beispielsweise die Geschichte der Demokratie mit wenigen Stationen auskommt und eindimensional-teleologisch aufgereiht wird: Athen – Amerikanische Unabhängigkeitsbewegung, Französische Revolution – westliche Demokratien (vgl. hierzu Pandel 2006, S. 162; Barricelli 2015a, S. 51). Andererseits birgt das diachrone, epochenübergreifende Verfahren die Chance, die „Zerschneidung des historischen Prozesses" aufzuheben (Pandel 2010, 161), weil der Beschäftigung mit Entwicklung, Veränderung und Wandel größere Bedeutung zugemessen wird.

Letztendlich wird die Qualität dieser Geschichtslektionen davon abhängen, ob es gelingt, Retrospektivität, Selektivität und Konstruktivität der Erzählung mit den Schülern zu reflektieren und die jeweilige historische Perspektive zu verstehen. Diese Reihen benötigen eine Rahmung durch die Ausarbeitung von Grundproblemen in Problemhorizonte, die als Klammer und Gliederung für die Einzelstunden dienen. Sie sollten, wie andere Reihen auch, Sequenzen umfassen, die sich den historischen Kontexten (Kap. 3.2) und Vertiefungen im Hinblick auf die Zugriffsverfahren (Kap. 3.3) widmen. In Abschlussreflexionen sollte das Verfahren des Längsschnittes mit der Auswahl an Untersuchungsbeispielen selbst hinterfragt werden.

3.1.2 Probleme der Geschichtskultur und des Umgangs mit Geschichte

Beispiele:

- Kolumbus im Schulbuch: Geschichte oder Mythos?
- Das Wirtschaftswunder – Gründungsmythos für die Bundesrepublik oder historische Tatsache?
- Das Gutenberg-Denkmal in Mainz: Eine alte Statue oder ein aktueller Code?
- Die Marx-Statue in Trier: Geschenk oder kommerziell auferlegte Erinnerung?
- „Selfies am Holocaust-Mahnmal – ein angemessenes Verhalten?“[15]
- Der 20. Juli als Gedenktag: Wie sieht eine zeitgemäße und angemessene Erinnerung aus?
- Der 14. Juli: Ein geeignetes Datum für den französischen Nationalfeiertag?

„So viel Geschichte wie heute war nie.“ (Klaus Bergmann, 1993)

Die Feststellung von Klaus Bergmann ist nun schon einige Jahre alt und dennoch beweist sich unentwegt ihre Aktualität. Von Memory Hype und Super-Gedenkjahren ist mittlerweile die Rede. Das Jahr 2017 beanspruchte neben vielen anderen Anknüpfungspunkten (u.a. 600 Jahre Konstanzer Konzil) vor allem zwei so genannte Epochenjahre, 1517 und 1917, als Erinnerungsschwerpunkte für sich. Die „Pluralisierung der Erinnerungsformate“ (Thies Gundlach) sprengte dabei alle bislang gekannten Dimensionen. Die so genannten Neuen Medien eröffnen zusätzlich Räume für die Repräsentationen von Geschichtskultur und für neue Formen von Diskursen, in denen gleichermaßen ehemals bestehende Deutungsmonopole von Vergangenheit gebrochen wie auch neue etabliert werden. Jan Assmann bezeichnete diese Möglichkeiten der Externalisierung schon 2005 als eine „kulturelle Revolution“ (Assmann 2002, S. 11).

Histotainment prägt die Vorstellungswelten unserer Schüler und Schülerinnen nachhaltig: Die mittlerweile unzähligen Geschichtsdokumentationen scheinen Quotengaranten zu sein und Computerspiele wählen nicht mehr nur historische Settings als Hintergrund, sondern bieten Geschichte selbst als Spielfeld für die Entwicklung persönlicher Strategien und Perspektivenübernahmen an. Diese Beispiele stehen stellvertretend für eine Populärkultur, die sich weitgehend jenseits von Geschichtsunterricht entwickelt, aber großen Einfluss auf Identitätskonstruktionen hat.[16] Für den Geschichtsunterricht hat das gleich mehrere Konsequenzen. Einerseits werden die subjektiven Theorien geprägt, mit denen Schüler in den Unterricht kommen, andererseits soll der Unterricht den Schülern eine aktive, eben geschichtskompetente Teilhabe am öffentlichen Diskurs ermöglichen.

Der Umgang mit Geschichte in der Gesellschaft ist damit ein ureigenes Feld der Problemorientierung, indem der unmittelbare Gegenwartsbezug selbst zum Thema wird. Die Bedeutung dieser Problemkategorie für einen guten Geschichtsunterricht verdeutlicht vor allem Hans-Jürgen Pandel: „Wenn Schüler mit 18 Jahren die Schule verlassen, haben sie nach heutigen Prognosen noch eine Lebenszeit von mehr als 60 Jahren und in dieser Zeitspanne müssen sie ohne Schule auskommen.

1. Mnemonische Infrastruktur (Grever/Adriannsen 2017)
- Erinnerungsräume/Erinnerungsstrukturen (Assmann 52011, Assmann 82018): kommunikatives und kulturelles Gedächtnis
- Objektivationen (Schönemann 2000): Institutionen/Akteure – Media – Publika

2. Narrationen
- Kommunikative Darstellungsformen (Füßmann 1994): Retrospektivität, Perspektivität, Selektivität/Partialität, Kommunikativität
- Dimensionen (Rüsen 2013, Pandel 2013): kognitiv, ästhetisch, politisch, ethisch, kommerziell
- Erzählmodi (Rüsen 2013): traditional, exemplarisch, kritisch, genetisch

3. Leitmuster (Grever/Adriannsen 2017)
- Vormoderne: Geschichte als Nutzen (Fokus: Vergangenheit); Moderne: Geschichte als Bildung (Fokus: Zukunft); Postmoderne: Geschichte als Event (Fokus: Gegenwart)
- Motivpaare (Kollmann 2014): Erinnern und Gedenken, Aufklären und Informieren, Versinnlichen und Erleben

Abb. 12: Zugänge zur Geschichtskultur – eine Übersicht.

Die Geschichts- und Erinnerungskultur ist ein eigenständiger Teil einer „historisch-kulturelle(n) Bildung" (Pandel 2013, S. 37).[17] Sie sollte im Unterricht eine entsprechende Rolle spielen und nicht nur als Aufhänger im Einstieg oder als Aktualisierungsansatz in der Abschlussdiskussion genutzt werden. Im Folgenden werden ohne Reihung und ohne jeden Anspruch auf Vollständigkeit ein paar Beispiele angesprochen, die für die Entwicklung eines reflektierten Geschichtsbewusstseins wichtig sind und geschichtskulturelle Phänomene zum Unterrichtsthema selbst machen.[18] Die Problemstellungen werden in der Regel den Debatten in der Öffentlichkeit entnommen und sind deshalb meist Zitate oder nehmen solche zumindest auf.

a) Die Dekonstruktion von Geschichtsdarstellungen ist eine zentrale Kompetenz, die in der Auseinandersetzung mit geschichtskulturellen Repräsentationen noch einmal eine besondere Bedeutung bekommt. Viele Geschichtsdokumentationen, etwa der öffentlich-rechtlichen Sender, bieten sich an, um eine Analyse der Erzählprinzipien und -muster, der Gestaltungsmittel und der Zielsetzungen zu ermöglichen. Ein erstes Heranführen mit einem grundsätzlichen Einblick in die „Gemachtheit" der Erzählungen ist schon früh in der Mittelstufe möglich und nötig. Schließlich befähigen erst solche Schlüssel zu einem „mündigen" Umgang mit den vielfältigen medialen Angeboten (z.B.: ‚Die Dokumentation „Am Abgrund – Anatomie der Kuba-Krise" – eine exakte Nachzeichnung der Krise oder eher ein oberflächliches Unterhaltungsprogramm?"[19]).
b) Viele Zugriffe auf die ‚Probleme des gesellschaftlichen Umgangs mit Geschichte' lassen sich um die Zusammenhänge von Gedächtnis und kultureller Identität gruppieren, wie sie von Jan und Aleida Assmann in Rückgriff auf Maurice Halbwachs erklärt wurden (vgl. u.a. Assmann 1988, S. 9ff.). Anhand von Beispielen kann besprochen werden, welche Bedeutungen die Objektivationen für die Stabilisierung eines kulturellen Gedächtnisses haben. So kann die

Rekonstruktivität als Grundcharakter der zugehörigen Erzählung erschlossen werden. Jan Assmann erklärt sie damit, dass jede Gesellschaft ihr Wissen immer auf die „aktuell gegenwärtige Situation" bezieht, obwohl es auf „unverrückbare Erinnerungsfiguren" ausgerichtet ist (ebd., S. 13). Die vielfältigen Diskussionen um historisch begründete Feiertage bieten Anlässe, um solche Überlegungen anzubahnen und die Schüler und Schülerinnen auf die Diskussionen in der Öffentlichkeit vorzubereiten (z.B.: „Der 8. Mai – ein Feiertag?"[20]).

c) In dieses Themenfeld gehört auch eine Auseinandersetzung mit einem engeren Konzept der Erinnerungsorte, ein Forschungsansatz der maßgeblich von Pierre Nora geprägt wurde (Nora 1997). Der Begriff bezieht sich auf symbolische Repräsentationen, die in „Identitätsdiskursen" präsent sind.[21] Er wird als Metapher oder Topos verstanden für „langlebige, Generationen überdauernde Kristallisationspunkte kollektiver Erinnerung und Identität, die in gesellschaftliche, kulturelle und politische Üblichkeiten eingebunden sind und die sich in dem Maße verändern, in dem sich die Weise ihrer Wahrnehmung, Aneignung, Anwendung und Übertragung verändert".[22] Gemeint sind nicht nur physische Orte, sondern auch Gestalten, Ereignisse, Institutionen, Begriffe, Siege und Niederlagen. In dem Forschungsansatz stand zunächst eine Auseinandersetzung mit dem nationalen Erbe und seinen Externalisierungen im Vordergrund. Mit der Kurzformel „was uns zusammenhält" lieferte Hans-Ulrich Wehler 2001 einen Anstoß zur kritischen Diskussion, in der nach grundsätzlichen Funktionen einer gemeinsamen Erinnerung für Identitätsstiftungen gefragt wurde.[23] Der Ansatz der Erinnerungsorte hat sich mittlerweile über die nationale Frage hinaus diversifiziert, bezieht sich auf historische Kristallisationspunkte unterschiedlich definierter Gruppen, die Reflexion des affirmativen Potentials der eingewobenen Identitätserzählungen

und die Herausforderungen, die beispielsweise „europäische Erinnerungen stellen" (François 2013, S. 69).
Für den Geschichtsunterricht in der Oberstufe bietet sich beispielsweise „Versailles" an, um das Konzept der Erinnerungsorte mit den Schülern zu besprechen.[24] Aus den epochalen Schwerpunkten der Unterrichtsreihen in den Lehrplänen bringen die Jugendlichen schon einiges Vorwissen mit, sodass die Erarbeitung der historischen Kontexte überschaubar ist. In einer ersten Sequenz stehen die Unterschiede in den Erinnerungsdiskursen in Deutschland und Frankreich vor und nach dem Ersten Weltkrieg im Mittelpunkt, um in einer zweiten Sequenz die Ansätze und Rezeptionen einer gemeinsamen europäischen Erinnerung nach 1945 zu diskutieren: ‚Geteilter, paralleler oder gemeinsamer Erinnerungsort?' (Großmann 2014).

d) Denk- und Mahnmäler bieten sich ebenfalls an, um den Umgang mit Geschichte zwischen Monumentalisierung, Gedenken und Mahnen in verschiedenen Zeitstufen zu studieren und aus dieser Erkenntnis eine eigene Haltung für eine angemessene Erinnerung zu entwickeln. Eine solche Unterrichtsreihe kann etwa mit der Problemstellung ‚Denkmäler: Erinnerungsmal, Ruhmesmal oder Mahnmal?' (vgl. Pandel 2017, S. 338; Nipperdey 1968, S. 134) nicht nur die Repräsentationen selbst, sondern vor allem die Debatten um ihre Gestaltung, Funktion und Deutung einbeziehen.[25] Die Diskussionen um das Denkmal am „Deutsche(n) Eck" in Koblenz (Zerwas 2015), um das „Denkmal für die ermordeten Juden Europas" in Berlin[26], um Karl-Marx-Denkmäler (z.B. Trier 2018[27]) und um das „Denkmal für Einheit und Freiheit" in Berlin[28] zeigen exemplarisch Erinnerungsdiskurse auf, die nach wie vor virulent sind und viele Einblicke in unsere Erinnerungskultur und -konflikte ermöglichen.

e) Geschichtsmythen, die schon bei den oben genannten Objektivationen eine wichtige Rolle spielen, eignen sich ebenfalls als Problemstellungen. Der Begriff bezieht sich auf Erzählungen, die Ereignisse und Phänomene aus der Vergangenheit so selektieren, gruppieren und arrangieren, dass durch diese Erzählung eine identitätsrelevante Sinnbildung für eine bestimmte Gruppierung, z.B. eine Nation, möglich ist (vgl. Bernhard et al. 2017, S. 11 ff.). Herfried Münkler beispielsweise beschäftigte sich u.a. mit deutschen-deutschen Gründungsmythen nach 1945, die aufgrund der „Legitimitätskonkurrenz der beiden Staaten" hohe Relevanz entwickelten (Münkler, S. 2009, S. 415). Diese Erzählungen wurden in unterschiedliche Formen gekleidet, an politische Neugestaltungen angepasst und wiederholt bis sie zu festen Bestandteilen der Selbstdefinitionen gesellschaftlicher und politischer Kollektive wurden. Münkler nennt etwa Währungsreform und Wirtschaftswunder auf Seiten der alten Bundesrepublik und antifaschistischen Widerstand und Friedensideologie für die DDR (vgl. Münkler 2009, S. 422 ff.). Diese Mythenerzählungen fanden als enzyklopädische Darstellungstexte auch Eingang in die Geschichtslehrwerke der beiden Staaten. Die Fragestellung ‚Währungsreform und Wirtschaftswunder im Schulbuch: Angemessene Darstellung oder ein Beitrag zur Mythenbildung?' bietet sich für einen Oberstufenkurs an, um die Auseinandersetzung mit „Kanonisierungsfunktionen für das kollektive Gedächtnis" (ebd., S. 26) anzuregen und gleichzeitig zu einer intensiven Beschäftigung mit einem historischen Thema aufzufordern. In einer kleinen Unterrichtsreihe wird beispielsweise in einer ersten Sequenz der Mythos in seiner Bedeutung für Identitätsstiftungen dekonstruiert, um sich dann der historischen Erkenntnisarbeit zu widmen. In dieser zweiten Sequenz wird die frühe Geschichte der beiden deutschen Staaten anhand von Quellen und Darstellungen analysiert, wobei auch jene Aspekte einbezogen werden, die in öffentlichen Diskussionen zum Teil überhaupt nicht und zum Teil zu wenig differenziert betrachtet werden (z.B. Londoner Schuldenkonferenz 1952/53). In einer abschließenden Sequenz kann überlegt werden, wie der öffentliche Diskurs im Sinne einer historischen Reflexion mitgestaltet werden kann.

f) In fast allen Beispielen ist bereits die politische Dimension angesprochen worden. In jedem guten Geschichtsunterricht werden aus der je aktuellen politischen Debatte heraus problemorientierte Stunden eingebunden, die sich um Grundfragen von „Politik mit Geschichte – Geschichtspolitik?“[29] drehen. Der Terminus „Geschichtspolitik“ wird unterschiedlich definiert (vgl. Wolfrum 2010, S. 15). Die Charakterisierung von Harald Schmid scheint für den Geschichtsunterricht besonders geeignet zu sein: „Geschichtspolitik sollen jene Diskurse und Handlungen heißen, mit denen die Deutung von Geschichte als gegenwärtige öffentliche Repräsentationen einer kollektiv relevanten Vergangenheit zu politischen Zwecken betrieben wird“ (Schmid 2008). Diese Definition lässt die Einbeziehung einer Vielfalt von Akteuren und Akteursgruppen (Vereine, Veteranenverbände etc.) zu und prägt keine Verengung auf Politiker und Eliten vor, wie dies bei anderen Begriffsbestimmungen der Fall ist. Schmid weist „drei Grundfunktionen“ von Geschichtspolitik aus: „die Schaffung einer Tradition, die Prägung einer kollektiven Identität, die Generierung politisch-historischer Legitimität“ (ebd.).

g) Als übergreifende Problemhorizonte eignen sich Fragen nach dem Umgang mit Geschichte in der Öffentlichkeit besonders, wenn die Beispiele aktuell sind, die Diskussionen über einen längeren Zeitraum und bezogen auf möglichst viele Dimensionen (politisch, ästhetisch, kognitiv, kommerziell, religiös-moralisch etc.) geführt werden. Beispielsweise war es im Umfeld von 2017 nicht möglich, die Reformation zu unterrichten, ohne dass Schüler und Schülerinnen auf einen Hintergrundfilm der öffentlich inszenierten und diskutierten Erinnerung zurückgriffen. Solche *memory hypes* bieten sich an, um Unterrichtsreihen zu gestalten, die von der aktuellen geschichtskulturellen Problemstellung ausgehend auf die historische Zeit eingehen, Wissen aufbauen und zu einer vertieften Reflexion erinnerungskultureller Repräsentationen zurückkehren (‚Die Reformation – eine Jubiläumsfeier für alle?'; ‚Martin Luther als Erinnerungsfigur – Reformator, Nationalheld oder Fehlbesetzung?'). Dies beinhaltet auch eine Auseinandersetzung mit der historischen Dimension der Geschichtskultur.

h) Im Social Web werden stetig neue Quellen zur Geschichtskultur kreiert. Die Veränderung der Kommunikationsstrukturen bietet andere Möglichkeiten, aber auch neue Konventionen und Deutungsfestschreibungen. Die besonderen Formen der Erinnerung, die Multimedialität und die Spezifika der Kommunikation sind wichtige eigenständige Themen für den Unterricht, auch wenn die gängigen Lernaufgaben zur Förderung der Erschließungs- und Interpretationskompetenz gleichermaßen in diesen Bereich hineinragen. Ein zwar nicht mehr aktuelles, aber erklärendes Beispiel ist die Aktion „Yolocaust.de" von Shahak Shapira. Er kombinierte Selfies, die Besucher des Holocaust-Mahnmals in Berlin in sozialen Netzwerken gepostet hatten, mit Bildern aus den Vernichtungslagern. Gleichzeitig ergänzte Shapira eine Notiz, dass die abgebildeten Personen eine Nachricht senden könnten, um ihre Bilder löschen zu lassen. So forderte er eine direkte Reaktion der abgebildeten Personen ein. Die Aktion wurde weltweit beachtet. Die Seite wurde schon in den ersten Tagen so häufig aufgerufen, dass sie zeitweise nicht erreichbar war. Das Facebook-Posting wurde unzählige Male geteilt, gleichermaßen groß war die Reaktion auf Twitter mit Likes und Re-Tweets. Auch in Tageszeitungen wurde intensiv berichtet und unzählige Kommentare setzten sich aus sehr unterschiedlichen Perspektiven mit der Frage auseinander, die auch im Geschichtsunterricht am Anfang stehen kann: „Selfies am

Holocaust-Denkmal – ein angemessenes Verhalten?" (Philipp Eins, Deutschlandfunk Kultur, 19.1.2017). In einer so ausgewiesenen Unterrichtseinheit geht es um die Besonderheit der Social-Web-Kommunikation, um die neuen Quellen zur Geschichtskultur sowie die spezifischen Kommunikationsstrukturen. Dies kann vom Selfie-Post, über das Liken sowie das besondere Kommentieren mit Emoticons bis zum Teilen, dem Re-Tweeten und der Funktion von Hashtags reichen, um so zwei Fragen nachgehen zu können: a) inwiefern Geschichtsdeutungen durch die Neuen Medien demokratisiert werden, indem nicht mehr nur Eliten die Deutungshoheiten innehaben, b) inwiefern die Kommunikationsformen und -gewohnheiten dazu beitragen, neue Begrenzungen zu etablieren, vor allem durch das Einigeln in so genannten Echoräumen.

Die oben aufgelisteten Punkte sind nur Beispiele. Sie verdeutlichen aber schon, dass diese Problemstellungen aufgrund ihrer Authentizität eine große Rolle im Geschichtsunterricht spielen sollten. Geschichtsstunden verlieren ein Stück weit ihren inszenierten Charakter und die Signifikanz der Themen für eine historische Orientierung ist für Jugendliche leicht zu erkennen. Deshalb bieten sich gerade bei diesem Typus Aufgabenstellungen an, die authentische Materialien, eine angemessene Recherche, Erschließung und Interpretation sowie eine eigene Narration als Grundlage einer Beteiligung an der öffentlichen Diskussion einfordern, um Rüsens Zielsetzung, die „politisch-historische Kultur der gegenwärtigen Gesellschaft rationaler, vernünftiger zu machen" (vgl. Rüsen 1980, S. 203), näher zu kommen.

3.2 Historische Problemerschließung

Die Kategorie eignet sich, um die übergreifenden Problemstellungen in ein vertieftes historisches Lernen einzubetten. Die verschiedenen Typen sollen eine gründliche Beschäftigung mit vergangenen Gesellschaften und ihren Kulturen im Unterricht fördern, deshalb lassen sie unterschiedliche Schwerpunktsetzungen im historischen Erkenntnisprozess zu. Sie innerhalb einer übergreifenden Reihe in den Mittelpunkt zu stellen, ist mit dem Anliegen verbunden, die Fachkonzepte der Schüler (*second-order concepts)* zu entwickeln und den Dreischritt von Sachanalyse, Sachurteil und ,Werturteil durch unterschiedliche Schwerpunktsetzungen für den Gedanken einer kognitiven Lehre (*cognitive apprenticeship*) zu operationalisieren. Wichtig ist es in diesen Sequenzen, den Bezug zum reihenübergreifenden Problemziel im Blick zu behalten, da sonst die eigentlichen Zielsetzungen der Problemorientierung (v.a. Gegenwarts- und Schülerbezug) verloren gehen. Die vertiefte Beschäftigung mit einem Segment sollte innerhalb der Reihe in den Regelkreis des Historischen Denkens zurückgeführt werden.

Die folgenden Überlegungen werden angesichts der Zielsetzung dieses Bandes eher theoriearm ausgeführt. In Vertiefung dieser praxisorientierten Skizze zu einer neuen Problemorientierung wäre es unverzichtbar, die zentrale Theorien und Methoden aus der Geschichtswissenschaft zu diskutieren. Dies beträfe den Umgang mit Zeit und Kausalität, aber auch die grundsätzliche Frage nach der Narrativität (z.B. Pandel 2017, S. 227–310) oder konkreter nach dem Verhältnis von Erklären und Erzählen (z.B. Frings 2008).

3.2.1 Probleme der Historizität – Kontinuität und Wandel

Beispiele:

- Die Französische Revolution: Mehrere Phasen oder mehrere Revolutionen?
- Zeiteinteilungen in der Geschichte: Ein „langes 19. Jahrhundert“ oder mehrere Phasen?
- Das Mittelalter – eine Zeit dazwischen?
- Die Revolution von 1848/49 – nur ein wichtiges Phänomen im 19. Jahrhundert oder eine Zäsur in der deutschen Geschichte?

Die Probleme dieser Kategorie stellen das Temporal- und das Historizitätsbewusstsein in den Mittelpunkt. Sie fördern eine Auseinandersetzung mit der Zeitlichkeit als Grundkategorie des historischen Denkens. Es geht in diesen Problemstellungen darum, „mit Zeit als Orientierungssystem umzugehen“ (Pandel 2013, S. 138) und Kontinuität und Wandel als flexible, aber kriterienbezogene Kategorien einer Narration wahrzunehmen und anzuwenden. Die Orientierung in der Zeit benötigt zwei Säulen, die stets komplementär gedacht sind: Wissen und Konzeptverständnis. Eine chronologische Basis und die Fähigkeit, Entwicklungen und Veränderungen in der Zeit zur eigenen Orientierung zu verorten, sind die Grundlagen, um weitere Vertiefungen der Problemstellungen zu ermöglichen: „Chronolgy provides the mental scaffolding for organizing historical thought“ (Levèsque 2008, S. 78).

Schülervorstellungen

In der Geschichtswissenschaft erfährt die Auseinandersetzung mit Geschichtskonstruktionen als Vorstellungen in Raum und Zeit spätestens durch die Studien der *Annales* viel Aufmerksamkeit. Die *longue durée* bezeichnet „die Vorstellung einer langen Dauer, die durch kaum wahrnehmbare Veränderungen geprägt ist. Sie ist als Gegenentwurf zu ‚Ereignissen‘ oder ‚Prozessen‘ konzipiert, durch die der Blick des Forschers auf rasche Veränderungen gerichtet wird.“ (Jordan 2016, S. 84). Auf Expertenebene sind Kontinuität und Wandel eng verwobene historische Konzepte, die von epistemologischen Überzeugungen bestimmt werden. Erst das grundlegende Verständnis vom interpretativen Charakter von Geschichte ermöglicht die Tiefenstruktur. Novizen hingegen können laut empirischer Studien kein Konzept erkennen. Ereignisse passieren einfach, sie müssen als historische Tatsachen gelernt werden. Erst auf einer nächsten Stufe erkennen die Jugendlichen Wandel und konzeptualisieren ihn als Abfolge von Ereignissen, die chronologisch angeordnet eine Kausalkette abbilden (Counsell 2011, S. 110;

Blow 2011, S. 48) und meist eindimensional als Fortschritt gedacht werden (Shemilt 2000). Kontinuität wird mit fehlenden Ereignissen und mit Stagnation verbunden. Eine weiter fortgeschrittene Stufe zeigt sich, wenn Schüler zwei zeitliche Zugriffe miteinander verknüpfen können: Der eine befasst sich mit einer kürzeren Zeitspanne und beschreibt einen Wandel. Der andere greift auf eine längere Zeitspanne zu und erklärt, warum der Wandel von Bedeutung ist. So kann auch Wandel erkannt werden, der von den Zeitgenossen selbst nicht wahrgenommen wurde und sich erst in der Retrospektive als solcher abzeichnet. Diese Vorstellung verbindet sich nur in der höchsten und in den Studien selten erreichten Stufe mit der Metakognition. Die Schüler erkennen das theoretische Konzept als Ergebnis eines Interpretationsprozesses, der nach sorgfältig ausgewählten Kriterien erfolgt und unterschiedliche Darstellungen hervorbringt. Diese Stufungen stellen kein Entwicklungsschema dar. Dennoch können Interventionsstudien aufzeigen, dass sich die Vorstellungen der Schüler über kluge Unterrichtskonzeptionen entwickeln lassen. Die Aufgabenkultur spielt dafür eine wichtige Rolle. Sie entscheidet letztendlich, ob zeitliche Einteilungen nur passiv gelernt oder als fachliches Basiskonzept ausdifferenziert werden.

Konsequenzen für den Unterricht

In einer Unterrichtsreihe zur Französischen Revolution kann eine Stunde gestaltet werden, die einen Überblick über Zeitverläufe und Phasenmodelle schafft (vgl. Oswalt 2016, S. 29 ff.) und gleichzeitig eine aktive Auseinandersetzung mit den Argumenten fördert, die einer solchen Sequenzierung zugrunde liegen.

Die Französische Revolution: Mehrere Phasen oder mehrere Revolutionen?

Die Schüler sollen einen *living graph* anhand von selbst in einer Gruppe entwickelten Kriterien konzipieren, vorstellen und argumentativ verteidigen.

Materialgrundlage der Erarbeitung kann eine zusammenfassende, enzyklopädische Darstellung zu den Entwicklungen von 1789 bis 1799 oder 1815 sein. In einem ersten Schritt notieren die Schüler die im Text genannten Ereignisse und Phänomene auf Kärtchen und arrangieren diese entlang einer chronologisch definierten x-Achse. In einem zweiten Schritt entscheiden sie, wie sie die Ereignisse und Entwicklungen so gruppieren können, dass sich drei bis vier Phasen ergeben. Ein letzter Schritt bezieht sich auf die Skalierung auf einer dynamischen y-Achse, die nach dem Grad des revolutionären Charakters fragt. Die Schüler müssen Kriterien für die Definition festlegen und die Phasen einordnen.

Die Auswertung soll viel Raum für Schülerbeiträge bieten. Jede Gruppe erklärt die Zusammenhänge in einer Phase, die Zäsursetzungen und die Gesamtentscheidung für die Positionierung auf der Skala. Die Aufgabe konzentriert sich auf eine schlüssige Begründung für die Entscheidungen, nicht auf eine einzige richtige Lösung. Die Korrektur sachlicher Fehler erfolgt konsequent und ohne großen Aufwand. In der Vertiefung wird diskutiert, inwieweit es sich um mehrere Revolutionen (unterschiedlichen Zielsetzungen, verschiedene Akteure etc.) oder um eine Revolution (vergleichbare Ziele, zusammenhängende Entwicklung) handelte. Da die Stunde auf einen Überblick ausgerichtet ist, werden offene Fragen zu einzelnen Phasen und Ereignissen nur in unverzichtbaren Einzelfällen vom Lehrer beantwortet. Sonst werden die Aspekte notiert und dienen zur weiteren Strukturierung der Unterrichtsreihe (z.B.: Wie wird der Terror begründet und gerechtfertigt? Warum wurde der König hingerichtet?).

Der Umgang mit Zeit, Epocheneinteilungen und Periodisierungsansätzen kann an verschiedenen Stellen im Curriculum zum Stundenthema werden. Die humanistische Dreiteilung in Antike, Mittelalter und Neuzeit ist gesellschaftlich so präsent, dass sie von Schülern mit den eingeflochtenen Geschichtsbildern als historische Tatsache abgespeichert wird.

Dieses verkrustete Schema sollte möglichst früh durch eine angemessene Problematisierung in fluide Denkstrukturen überführt werden. Ein erster Schritt kann schon in der unteren Mittelstufe erfolgen, indem die Zäsurdaten mit ihren Kategorien hinterfragt und der kulturelle Vereinbarungscharakter deutlich gemacht wird. In höheren Klassenstufen wird der humanistische Periodisierungsansatz in seiner Geschichtlichkeit zum Thema gemacht, die Deutungszuschreibung an ein „Mittelalter" dechiffriert und problematisiert. Das Kennenlernen anderer Ansätze verdeutlicht die Standortgebundenheit, erweitert die Perspektiven und vertieft das Verständnis (vgl. auch Kap. 3.3.2).

Vorschläge zur Konzepterweiterung aus der englischen Didaktik

Die Arbeit mit sehr heterogenen, jungen Lerngruppen und die Anforderungen einer Konzeptentwicklung im Hinblick auf die *second-order concepts* beschäftigen englische Didaktiker und Geschichtslehrer intensiv. Um möglichst alle Schüler mitzunehmen, arbeiten sie auf der Ebene einer Annäherung mit Erzählungen, die im Alltag – ohne historische Bezüge – verortet sind. Die Notwendigkeit einer Erweiterung der eigenen subjektiven Theorien soll den Schülern in einem Kontext deutlich werden, der keine großen Schwierigkeiten birgt. So entwickelte beispielsweise Foster eine Idee, die ein Grundverständnis für das Konzept von *continuity and change* schaffen soll. In einem ersten Schritt kartierte sie mit den Schülern eine Autofahrt, um über Geschwindigkeit und Beschleunigung, Verzögerung, Anhalten und Wendepunkt, über die Bedeutung des Autotyps sowie Charakterzüge und Gewohnheiten des Fahrers in Auswirkung auf die Reisezeit zu sprechen. In einem zweiten Schritt forderte sie ihre Lerngruppe (*mixed abilities – Year 9*) dazu auf, dieses Bild auf die Narrativierung von zuvor schon erarbeiteten Fakten zur Bürgerrechtsbewegung in Amerika in den 50/60er Jahren anzuwenden (Foster 2008, S. 4–8). Foster begründete dieses zeitaufwendige Arrangement mit der Erweiterung dominierender Alltagsvorstellungen der Schüler, die sich zuvor vollkommen auf Martin Luther King konzentriert und die Geschichte des *civil rights movements* nur in dieser Personalisierung konzeptualisiert hatten.

Die Aufgabe für die Schülergruppen bestand darin, eine Straßenkarte für die Bürgerrechtsbewegung zu zeichnen und zu überlegen, welche Faktoren im Zusammenhang mit Zeit zu berücksichtigen waren. Diese Aktivität führte zu vielen Diskussionen in den Schülergruppen. Die Jugendlichen wogen die Gewaltbereitschaft verschiedener Gruppen, staatliche Eingriffe oder auch die mediale Aufmerksamkeit im Hinblick auf ihre Bedeutung für Wandel, Beschleunigung oder eine Retardierung ab. Die Erklärungen wurden multikausaler, die Zeitbezüge vielfältiger. Martin Luther King bekam als „Fahrer" nach wie vor eine wichtige Rolle zugewiesen, stand aber nicht mehr alleine im Mittelpunkt aller Aufmerksamkeit. Nach einer Auswertung der Gruppenarbeit schloss sich eine Diskussion über die Frage an, inwieweit die Rassentrennung durch die Bürgerrechtsbewegung erschüttert wurde, bevor abschließend das Hilfskonstrukt der Autofahrt auf seine Nützlichkeit für ein vertieftes historisches Verstehen befragt wurde. Die Schülerurteile zeigten, so das Resümee Fosters, eine weitaus intensivere Auseinandersetzung mit dem Konzept von Kontinuität und Wandel und der Verschränkung mit Kausalzusammenhängen, als dies auf herkömmlichem Weg in der Klasse bis zu diesem Zeitpunkt erreicht werden konnte.

3.2.2 Probleme der Kausalität

Beispiele:

- Die Französische Revolution: War die Ungleichheit, die wirtschaftliche Not oder die fehlende politische Beteiligung die Ursache?
- Die Radikalisierung in der Französischen Revolution: Wer oder was drehte am Rad der Geschichte?
- Die Vereinigung 1989/90: Ein geplantes Ereignis oder ein besonderer Zufall der Geschichte?

- Die Ursachen des Ersten Weltkriegs: Individuelles oder eher allgemein-strukturelles Versagen?

Ursachen-/Wirkungsgeflechte sollen in Schulbuchtexten oder Tafelbildern vorgegeben und von Schülern gelernt werden. Das zumindest dürfte die Vorstellung vieler Jugendlicher im Geschichtsunterricht sein. Solange die epistemologischen Überzeugungen auf Geschichte als zu erlernendes Wissen ausgerichtet sind, wird die Problemorientierung oft auf Schwierigkeiten stoßen. Der Erkenntnisprozess wird dann nur zu einem Umweg deklariert, da ein „richtiges" Ergebnis ja schon feststehe. Ähnlich wie dies oben bei Kontinuität und Wandel angesprochen wurde, sollen die ‚Probleme der Kausalität' den Konstruktionsprozess und seine Dimensionen als Sachurteil bewusstmachen und in aktive Herangehensweisen umsetzen. Mithilfe dieses Problemtyps werden Ursache-Wirkungsgeflechte erarbeitet und hinterfragt. Auch die Unterschiede zwischen Begründungen der historischen Akteure und einer retrospektiven Analyse der Kausalzusammenhänge sollten deutlich werden. Für fortgeschrittene Lerngruppen ist eine Problematisierung des Fachkonzeptes mit der grundsätzlichen Frage nach dem Verhältnis von Kausalität, Kontingenz oder Emergenz hilfreich.

Schülervorstellungen

Empirische Studien deuten an, wo die Schwierigkeiten von Lernenden liegen. So fällt es Jugendlichen vor allem schwer, historische Entwicklungen in Ursachengeflechte einzuordnen, die unterschiedliche Kategorien, z.B. Akteure, Gruppen, Strukturen, Normen und Werte, Mentalitäten und Handlungsspielräume ebenso wie persönliche Entscheidungen und gewisse Zufälligkeiten und Coincidentia beinhalten. Monokausalität und Personalisierung überwiegen in eigenständigen Erklärungsversuchen von Jugendlichen. Sie sehen die entscheidenden Beweggründe für Entwicklungen im Handeln und Wollen (*voluntarism*) einzelner Akteure (Kitson et al. 2011, S. 74). Eine solche Personalisierung bzw. Personifizierung wird sogar auf die

Erklärung von Strukturen, auf Organisationen und staatliche Organe bezogen (vgl. Günther-Arndt 2006, S. 267; Kitson et al. 2011, S. 74). In Schülererklärungen dominiert oft die Überzeugung, dass die Dinge so passieren mussten (*determinism*) und sich in einer eindimensionalen Linie *(mechanical causality)* entwickelten (vgl. Kitson et al. 2011, S. 74). Reisman wies nach, dass Schüler und Schülerinnen auch dem unmittelbar vor dem Ereignis stehenden Phänomen eine besondere Bedeutung zusprechen (Reisman 2009, S. 46). Diese falschen oder zumindest zu kurz greifenden Alltagskonzepte erschweren oder verhindern historisches Denken (von Borries 2002, S. 18).

Konsequenzen für die Unterrichtsplanung

Die ‚Probleme der Kausalität' entfalten ihre Bedeutung nicht nur für die direkten inhaltlichen Zielsetzungen (im Beispiel: Ursachen der Französischen Revolution kennen und verstehen), sondern auch für die Erweiterung des Fachkonzeptes. Dies kann nur über Aufgabenstellungen erreicht werden, die zur aktiven Auseinandersetzung mit Ursachengeflechten auffordern und dafür geeignete Kategorien und Begrifflichkeiten bereitstellen.

Ein Beispiel

Die Französische Revolution: War die Ungleichheit, die wirtschaftliche Not oder die fehlende politische Beteiligung die wichtigste Ursache?

Der Unterrichtseinstieg kann beispielsweise über eine Nutzeranfrage in einem digitalen Geschichtsforum gestaltet werden:

„Hallo Leute, ich brauche eine Information wie es zu der Revolution 1789 in Frankreich gekommen ist, z.B. was die Bürger alles gemacht haben […]." [30]

Die Schüler verfügen bereits über einiges Vorwissen (vgl. Kap. 3.2.1), sodass in einem Brainstorming einige Aspekte zusammengetragen werden können. Die Weiterführung wird über die Frage nach der Bedeutung und der Kategorisierung der einzelnen Punkte eingeleitet: Welche Aspekte im Ursachengeflecht könnten evolutionär gelöst werden, welche haben eine grundlegende Bedeutung? In der Weiterentwicklung des Gesprächs achtet der Lehrer bzw. die Lehrerin darauf, dass Verflechtungen und Wechselwirkungen hinterfragt werden (z.B.: Welche Faktoren sorgten für eine Entspannung der Lage? Welche für eine Verschärfung?).

Für die Erarbeitungsphase werden die Schüler und Schülerinnen in Gruppen aufgeteilt und erhalten jeweils ein Sortiment an vorbereiteten Karteikarten, auf denen Ursachen und Anlässe in Schlagworten und Stichpunkten notiert sind. Die Schüler sollen die Karten clustern, Kategorien bilden (wirtschaftlich, soziale, politische Ursachen) und die Bedeutung für den Beginn der Revolution (mittelfristig, langfristig, grundlegend, latent, unmittelbarer Auslöser etc.) ausweisen.

Je nach Klasse oder Leistungsdifferenzierung kann der Schwierigkeitsgrad erhöht werden, indem eine bestimmte Anzahl von Kärtchen selbst beschriftet werden muss. Leichter wird der Arbeitsauftrag, wenn Ursachenkategorien vorgegeben werden und nur noch die Zuordnung zu leisten ist. Insgesamt sollte die Aufgabe im Schwierigkeitsgrad so gewählt werden, dass in den Schülergruppen rege Diskussionen um die kausale Verflechtungen entstehen.

Im Auswertungsgespräch werden die Gemeinsamkeiten und Unterschiede der entstandenen *Concept Maps* besprochen und offensichtliche Fehler korrigiert. Die Abweichungen in den Ergebnissen sind gewollt und bieten durch den Vergleich neue Gesprächsanlässe. Das Ziel ist die weitere Durchdringung des Fachkonzeptes, indem beispielsweise ein versteckter Interpretationsansatz einer Gruppe herausgearbeitet wird (z.B. Fokus auf der ländlichen oder der munizipalen Revolution). In der Diskussion wird die Problemstellung aufgegriffen und in Bezug zu den erarbeiteten Kausalgeflechten gesetzt. Sollte noch Zeit zur Verfügung stehen, kann in Anlehnung an Unterrichtskonzeptionen von Christine Counsell ein Umsortieren der Karten erfolgen: Was waren die Ursachen für die Verfassungsrevolution, die Munizipalrevolution, für die spätere Radikalisierung? (Counsell 2004b, S. 49).

Auch in diesem Beispiel ist die Fachkommunikation ein wichtiges Ziel der Stunde. Die Schüler und Schülerinnen sollen viele Chancen erhalten, über die Gruppierungen der Ursachengeflechte zu verhandeln, ihre Position zu begründen oder eine andere auf Basis einer historischen Argumentation zu hinterfragen. Die Lehrkraft hat während der Gruppenerarbeitung und der Diskussionsmoderation die Aufgabe, Impulse zur Vertiefung und Weiterentwicklung zu setzen (z.B.: Warum begann die Revolution eigentlich genau zu diesem Zeitpunkt? Welche Rolle spielen Zeitungen und ihre zunehmende Verbreitung für die Entwicklung der Revolution?). Ähnlich kann nachgefragt werden, ob eine Ursache die Revolution bedingte, sie ermöglichte oder sie nur wahrscheinlicher machte (vgl. Kitson et al. 2011, S. 74).

Vorschläge zur Konzepterweiterung

Aus dem Geschichtsunterricht in England kamen auch in Bezug auf die Kausalität Vorschläge für die Entwicklung eines Alltagskonzeptes zu einem Fachkonzept (vgl. Chapman 2016). Als Beispiel sei auf eine Unterrichtssequenz von James Woodcock (Cottenham Village College, Cambridge) in einer neunten Klasse verwiesen.[31] Um das Nachdenken seiner Schüler über Multikausalität und die unterschiedliche Bedeutung von Ursachen und Anlässen anzuregen, erzählt der Lehrer seinen Schülern zunächst die Geschichte des Kamels Alfons. Alfons bricht tot zusammen, nachdem ihm sein Besitzer einen zusätzlichen Strohhalm auf die schon vorhandene Tragelast gelegt hat (vgl. auch Chapman 2003, S. 46–53). Die Erzählung wird so elaboriert, dass Ursachengeflechte für den Tod des Kamels deutlich werden (weite Transportwege über hohe Gebirge, Gehege am schattenlosen Strand, Rückenschaden aufgrund eines Unfalls, Charakterzüge des Kamels, schlechte Erfahrungen des Kamelbesitzers mit anderen Tieren, rücksichtslose Kunden etc.). In einem folgenden Schritt wird eine Liste der Ursachen verschiedenen Kategorien zugeordnet (langfristige Ursachen, kurzfristige Anlässe, Trigger, latente und zugrundeliegende Ursachen, Handlungen und Motive von Akteuren, Strukturen, Mentalitäten und Werte, naturräumliche Gegebenheiten, Zufall). Diese Kategorien, deren Ausarbeitung gleichzeitig Spracherschließungen umfassen, werden dann von den Schülern in einer eigenständigen Konstruktionsleistung auf eine historische Situation bezogen (z.B. die Ursachen des Ersten Weltkrieges).

Mithilfe der Geschichte vom Tod des Kamels kann das Fachkonzept erweitert werden (Chapmann 2016, S. 10). Sie ist eine Hilfestellung, ein Gerüst auf dem Weg zum historischen Denken. Die Wirksamkeit hängt aber von der Kommunikationssituation im Unterricht ab. Chapman betont die Vorteile dieser Denkaktivitäten rund um das Kamel: Die Ereignisse und Konstellationen in der Geschichte sind von jedem Kind bzw. jedem Jugendlichen zu erfassen. Gleichzeitig hat die Lehrkraft nach dem Erzählen der Geschichte kein größeres Wissen als die Schüler. Alle Fakten liegen auf dem Tisch und im Zentrum steht nun die Denkarbeit. Den Schülern wird der Weg aufgezeigt, den sie auch beim Erklären von Geschichte gehen müssen: Sorgfältiges und intensives Lesen, Analyse im Detail, Kategorisierung, Bezüge modellieren, in Frage stellen, verwerfen und wieder neu aufbauen usw. (ebd., S. 10).

Hilfreich sind für die Schüler auch Tafelbilder, die Ursachen nicht in einer Tabelle mit nach Spalten getrennten Aspekten (wirtschaftliche, soziale, politische Ursachen) einordnen, um dann als Lernvorlagen zu gelten. Geeigneter sind Dynamisierungen, wie sie in der Visualisierung von Woodcock abgebildet sind und ihre Gültigkeit erst durch eine entsprechende historische Erzählung erhalten.

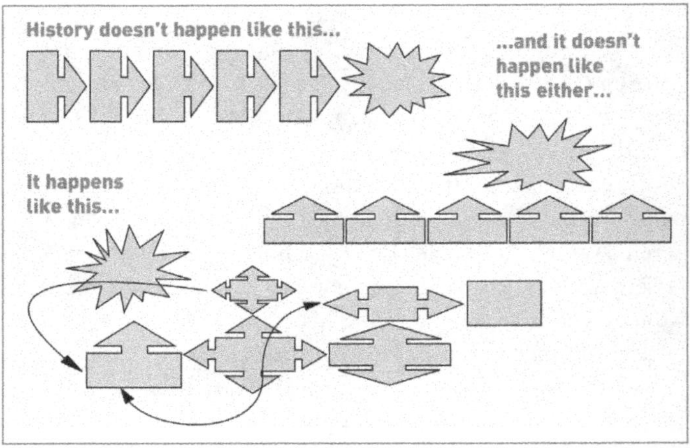

Abb. 13: Dynamisierung eines Fachkonzeptes im Tafelbild „The nature of historical causation" (Woodcock 2005, S. 7).

3.2.3 Probleme der Perspektivität

Beispiele:

- Entscheidungen 1792/93: War die Anwendung von Gewalt aus zeitgenössischer Sicht legitim?
- War Lafeyette aus zeitgenössischer Sicht ein Held oder Verräter der Revolution?
- Frankreich 1791: Soll das Rad der Revolution weitergedreht werden?

Diese Probleme befassen sich mit der Erschließung historischer Perspektiven und der Interpretation im historischen Kontext. Die Multiperspektivität, die Perspektivenübernahme und die Erklärung historischer Perspektiven durch eine Einbettung in größere Zusammenhänge und Prozesse sind wichtige Schritte auf dem Weg zur Entwicklung eines Sachurteils.

Schülervorstellungen

Empirische Studien können auch in Bezug auf die historische Perspektive die Schwierigkeiten ein wenig erklären, die Schüler und Schülerinnen bei der Konzeptentwicklung haben (vgl.

Ashby/Lee 1987, S. 67). Die Kenntnis unterschiedlicher Niveaustufen ist hilfreich, um durch eine entsprechende Unterrichtsplanung eine sinnvolle Förderung anzubieten (vgl. auch Hartmann/Sauer/Hasselhorn 2009). Aus diesem Grund werden die Stufen hier etwas ausführlicher vorgestellt, obwohl einschränkend angemerkt werden muss, dass eine Entwicklung nicht linear von Stufe zu Stufe gedacht werden kann:

Zuschreibung als primitiv (*divi past*) (Ashby/Lee 1987, S. 67): In einem noch naiven Zugang zu dem Konzept des Verstehens von historischen Perspektiven werden Akteure der Vergangenheit grundsätzlich als dümmer oder primitiver als moderne Menschen eingestuft. Geschichte wird als Zeitlinie einer Evolution angesehen. Menschen vergangener Zeiten hatten dieser Vorstellung nach ein geringeres Wissen und handelten deshalb in dieser oder jener Art. Naive Vergleiche mit der Gegenwart bestimmen die Sicht auf das Handeln der Menschen, die eigenen Wertehaltungen werden in die Vergangenheit übertragen: „Damals hatte man noch kein richtiges Gerichtsverfahren, wie wir es heute kennen“, sagt beispielsweise ein Schüler im Gespräch über Gottesurteile im frühen Mittelalter.

„Stereotype Verallgemeinerung“ (Conrad 2011, S. 9): Stereotype Rollenvorstellungen werden in die oben skizzierte Sicht der Vergangenheit integriert. Die Schüler stellen fest, dass Menschen im Frühmittelalter sehr gläubig waren und deshalb die Gottesurteile einfach akzeptierten.

In einer dritten Stufe *(everyday empathy)* werden Erklärungen für Handlungen oder Phänomene gesucht, indem erste Perspektivenübernahmen stattfinden, die aber in heutigen Vorstellungen verhaftet bleiben. Am Beispiel der Gottesurteile lässt sich dies verdeutlichen: Die Schüler überlegen, ob die Menschen von kriminellen Delikten abgehalten wurden, weil sie die Gottesurteile als unfair empfanden.

In der vierten Stufe *(restricted historical empathy)* sind erste Ansätze einer Perspektivenübernahme im Rahmen eines historischen Kontextes zu erkennen. Die Handlungen werden in spezifische historische Situationen (wenn auch noch nicht in übergreifende Kontexte) eingeordnet. Dabei wird erkannt, dass Menschen in vergangenen Kulturen aus je eigenen Überzeugungen, Zielen und Werten logisch handelten.

In der nächsten Stufe (*contextual historical empathy*) beziehen die Schüler umfassendere Kontexte ein. Sie unterscheiden deutlich zwischen der Position und dem Wissen des historischen Akteurs und des Historikers. Zudem nutzen sie den Vergleich zwischen Vergangenheit und Gegenwart für ihre Argumentation, ohne ein Zivilisationsgefälle zu unterstellen. Sie wechseln flexibel zwischen den Perspektiven unterschiedlicher Zeitstufen und erkennen auch die Geschichtlichkeit der Gegenwart. Bei dem Beispiel der Gottesurteile und der Eidhelfer vergleichen die Schüler die Perspektive zukünftiger Generationen auf gegenwärtige Gerichtsverfahren mit ihren Überlegungen zu Prozessen im Mittelalter. Sie erkennen den Zusammenhang zwischen den juristischen Regelungen und den in der jeweiligen Gesellschaft geteilten Überzeugungen und Werten, um aus diesem Verständnis heraus eine relative, auf die jeweilige Gesellschaft bezogene Einschätzung von einem „fairen Verfahren“ entwickeln zu können. Das erreichen sie dadurch, dass sie einen Rückblick auf gegenwärtige Gerichtsverfahren aus zukünftigen Zeiten mit neuen technologischen Errungenschaften imaginieren. Sie überlegen, warum sie zum Beispiel Prozesse, die sich auf Zeugenaussagen stützen, als ein gerechtes Verfahren ansehen, obwohl sie antizipieren können, dass sie von Menschen in der Zukunft als fehleranfällig beurteilt werden (Lee/Ashby 2000).

Zielsetzungen für den Unterricht

Die Beschäftigung mit den Perspektiven von historischen Akteuren hat viel mit den zentralen Begriffen von Alteritätserfahrung, Fremdverstehen und interkulturellem Lernen zu tun. Die Begegnung mit dem Fremden wird in dieser Kategorie zum Kern der Problemstellung. „Dabei kommt es gerade darauf an, sich auf die Zeit, um die es geht, ernsthaft einzulassen, gleichsam ihren Horizont zu rekonstruieren." (Sauer 2012, S. 76). Bei einer Auseinandersetzung mit besonderen Entscheidungssituationen (‚Frankreich 1791 – Soll die Revolution weitergeführt oder beendet werden?') werden die Perspektiven und Standpunkte der Akteure in Wechselwirkung mit strukturellen Bedingungen und kulturellen, gesellschaftlichen und emotionalen Einbettungen reflektiert, sodass Fragen nach Handlungsspielräumen, nach individuellen Wahrnehmungen, Motiven und Absichten Relevanz bekommen (vgl. Opgenoorth 2010, S. 318).

Die umfassenden Kontexte der Akteursperspektiven zwischen „Bestimmtsein" und „Selbstbestimmung" eines Individuums (Ritsert 2009, S. 101, Woodcock 2011, S. 130 ff.) sollen verdeutlicht werden. Woodcock arbeitet dazu eine Liste von Einzelaspekten heraus, die im Laufe der Zeit vertiefte Einblicke in das Konzept ermöglichen. Er schlägt eine Auseinandersetzung mit Bestimmtsein und Selbstbestimmung vor, indem ...

- Mentalitäten untersucht werden und so erkannt wird, dass Entscheidungen nicht willkürlich-individuell, sondern in Auseinandersetzungen mit Gewohnheiten, mit Konventionen, mit Instruktionen und Institutionen getroffen werden;
- soziale Praktiken und Werteideen einer Gesellschaft einbezogen werden. Woodcock illustriert dies am Beispiel der Schlacht von Hastings: Die zeitgenössischen Wertesetzungen in Bezug auf Männlichkeit und Treue können einen wesentlichen Grund darstellen, warum Harold in der Schlacht von Hastings nicht floh (Woodcock 2011, S. 130);
- soziale Rollen in ihrer Bedeutung für Entscheidungen thematisiert werden. Ein Akteur kann sich für eine bestimmte Handlung entschieden haben, weil er sich durch seine Einbettung in eine soziale Hierarchie verantwortlich für die Gesellschaft oder ein soziales oder politisches Gefüge fühlte. Auf diese Weise, so Woodcock, könnten Schüler auch leichter verstehen, wieso Angst und Zwang zwar ein

Erklärungsmoment für zustimmendes Handeln in Diktaturen sind, letztendlich aber zu einem Grundverständnis nicht genügen.

Konsequenzen für die Unterrichtsplanung

Da Verstehen ein individueller Prozess ist, muss auch ein historisches Verstehen auf eine Auseinandersetzung mit und Relativierung der eigenen Position und kulturellen Verortung angewiesen sein. Den Schülern soll in diesen Unterrichtseinheiten deutlich werden, dass das Erschließen von historischen Perspektiven mit einer inneren Bereitschaft verbunden ist, sich auf eine andere Weltwahrnehmung einzulassen. Dies gelingt nur in komplexen und selbstreflexiven Ansätzen, die einfache Zuschreibungen vermeiden. Die Problemstellungen sollen eine solche Auseinandersetzung fördern. Dazu müssen geeignete Quellen zur Perspektivenerschließung ausgewählt und mit den nötigen Zusatzmaterialien ergänzt werden, die eine gründliche historische Einbettung erlauben. Das lässt sich eher mit einer Lernaufgabe realisieren, die vielfältige Materialien umfasst und nicht zu früh in der Unterrichtsreihe verortet wird. Wichtige historischen Hintergründe sollen bereits erarbeitet sein.

Ein Beispiel

Diskussionen in Frankreich 1791: Die Revolution beenden oder weiterführen?

Innerhalb der Reihe zur Französischen Revolution trägt eine Unterrichtsstunde, die sich mit der politischen und gesellschaftlichen Lage nach der Flucht des Königs im Sommer 1791 beschäftigt, zu einem vertieften Verständnis für Handlungsspielräume, Entscheidungen und die schnellen Entwicklungen im revolutionären Geschehen bei.

Der Zugang wird über die Positionierung Barnaves gewählt, der die Fortsetzung der Revolution als unheilvoll bezeichnete und sich vehement für die Erhaltung des Königtums einsetzte. Barnaves Stellungnahme dürfte von den Schülern recht gemischt aufgenommen werden, sodass sie für eine vertiefte Auseinandersetzung geeignet ist.

Grundlage der Erarbeitung können die Reden sein, die Barnave und Robespierre Mitte Juli vor der Nationalversammlung hielten.[32] Ergänzend werden je nach Vorwissen der Schüler und Jahrgangsstufe weitere Materialien zur Verfügung gestellt (Biografien, Übersicht zu den politischen Klubs in Paris, Zeitleiste für den Sommer 1791). Die Schüler sollen die unterschiedlichen Positionierungen im Juli erarbeiten und verstehen, wie in dieser Situation um eine Deutung der Entwicklungen seit 1789 und um zukünftige Strategien gerungen wurde. Die sich schon seit 1790 andeutende gesellschaftliche und politische Spaltung der revolutionären Bewegung wurde durch die Ereignisse um die Flucht des Königs verstärkt. Die eine Seite forderte immer lauter das Ende der Monarchie und die Einführung der Republik. Die Nationalversammlung und die Nationalgarde wurden in das Misstrauen einbezogen (Marat, L'Ami du Peuple v. 22. Juni 1791). Auf der anderen Seite befürchtete man eine Gefährdung der inneren Ordnung und des Eigentums, wenn die Revolution weitergeführt würde. Beide Seiten gruppierten ihre Argumentation um die Begriffe von „Freiheit und Gleichheit", sodass auch diese Stunde eng in den Problemhorizont der Reihe eingebunden ist.

Didaktische Herausforderungen

In der Geschichtsdidaktik wird schon lange über die Wege gestritten, wie Perspektivenübernahme und Perspektivenverstehen geschult werden können. Immer wieder geht es in den Debatten um die Chancen und Gefahren von Rollenspielen. Die einen heben die besondere Bedeutung für die Motivation und die Förderung eines grundsätzlichen Verständnisses für historische Konflikte und Entscheidungssituationen hervor, andere verweisen auf die Vernachlässigung historischer Zusammenhänge und Gegebenheiten. Die Kritik bezieht sich vor allem auf den imaginativen und fiktiven Charakter der Schülererzählungen, die im Rahmen dieser Sequenzen entstehen. Die Bezeichnungen als „Geschichte im Märchenland" (vgl. Rantala 2011, S. 67) und „Münchhausen-Kunststückchen" (Pandel 2013, S. 449) deuten auf die Risiken hin, die dieser Methodenwahl innewohnen: Es besteht die Gefahr, unhistorische Fiktion zu produzieren und letztendlich Anachronismen zu provozieren (Kitson et al. 2011, S. 69). Beides wäre einem historischen Denken abträglich. Dies gilt umso mehr, wenn Schüler die grundsätzliche Funktion des Rollenspiels missverstehen und gegenwartsbezogene Moralisierung mit Empathie verwechseln (vgl. Cunningham 2004), dann werden sie durch das Rollenspiel eher in die niedrigste Kognitionsstufe (vgl. oben) zurückgeworfen.

Die Frage, wie Emotionen, Imagination und historische Perspektivenübernahme zusammenhängen und didaktisch figuriert werden sollen, ist damit eng verwoben. Die Perspektivenübernahme wird als ein Prozess beschrieben, der durch das kognitive und affektive Engagement der Schüler definiert ist, wenn sie sich in historische Personen hineinversetzen, die Handlungsspielräume, sozialen Einbettungen und Werteumgebungen ausloten (Endacott 2013, S. 41). Die didaktischen Überlegungen bei der Problemorientierung, die bei der lebensweltlichen Erfahrung der Schüler ansetzt, müssen sich auch mit der Frage befassen, welche Rolle menschliche Subjektivität, zu der eben auch Emotionen gehören, in den mentalen Sinnbildungsprozessen spielt (Hasberg 2013). Ist die gezielte Förderung von Empathie im Unterricht Hilfestellung zum Verstehen oder eine manipulative Beeinflussung (vgl. Brauer 2013, S. 81)? Das Verhältnis von Kognition und Emotion ist als Teilaspekt historischen Lernens noch nicht geklärt, ähnliches trifft auch auf die Bedeutung von Imagination zu. Brauer arbeitet, u.a. im Rückgriff auf Schörken heraus, dass der Akt der Imagination einen wesentlichen Teil von Empathie definiert, z.B. den ersten Schritt darstellt in einem „Konstruktionsakt, der sich aus dem Willen und dem Vorstellungsvermögen [speist]" (ebd.,

S. 85). Sie beschreibt Empathie „als produktive Irritation im Lernprozess [...]“. So bedeute Empathie eben nicht nur das In-den-Schuhen-des-Anderen-Gehen, sondern ebenso das Zurückschlüpfen in die eigenen Schuhe und die Verwunderung darüber, wie unterschiedlich sich das anfühlt. Diese Irritation könnte im Idealfall der Ausgangspunkt historischen Lernens sein.“ (Ebd., S. 89).

Diese Überlegung lässt sich auf das Rollenspiel übertragen. Bleibt es ein Spiel, das eventuell sogar historisches Denken verhindert, oder wird es als „gymnastische Übung“ auf dem Weg zum hermeneutischen Verstehen gestaltet? Das dürfte der entscheidende Aspekt bei der Beurteilung als Lernförderung sein. Um ein Rollenspiel für ein Lernen im Fach ergiebig zu machen, müssen die Schüler den Sinn der Übung für ein Erlernen komplexerer Abläufe verstehen. Ein Rollenspiel kann folglich nur dann in einen fachbezogenen problemorientierten Geschichtsunterricht integriert werden, wenn es nicht als Unterrichtsmethode, sondern als Werkstatt für historisches Denken verstanden und entsprechend strukturiert wird. Hilfreich ist es zudem, in solchen Phasen nicht nur aufgeheizte und verkürzte politische Debatten als Modell heranzuziehen, sondern viel häufiger jene Kommunikationssituationen als Setting zu wählen, die auf fachliche Argumentation bezogen sind.

In Bezug auf das angesprochene Beispiel kann ein Interview gewählt werden, das von zwei Redakteuren einer Qualitätszeitung mit Barnave und dann mit Robespierre geführt wird. Ein paar zentrale Schlagwörter und Stichpunkte werden vorgegeben, um ein inhaltliches Mindestmaß abzusichern. Schülergruppen bereiten in den jeweiligen Rollen (Zeitungsredakteure, Barnave + Freunde, Robbespierre + Freunde) die Interviews getrennt vor und führen sie durch. Die Auswertung nach der handlungsorientierten Phase bezieht sich auf zwei Aspekte. Zunächst steht eine Rollenreflexion durch die Schüler im Vordergrund. Etwaige Emotionen und besondere Gesprächssituationen werden besprochen und eine Abgrenzung zur vertretenen Rolle vorgenommen. Danach geht es um eine inhaltliche Evaluation. Im Mittelpunkt stehen Fragen nach der empirischen Triftigkeit: Welche Aussagen im Spiel sind durch Quellen belegbar? Welche sind kluge und vertretbare Schlussfolgerungen oder wo hat die pure Phantasie das Spiel bestimmt? Welche Gruppe konnte die Positionen Barnaves bzw. Robespierres besonders gut aus den Kontexten der Zeit heraus erklären? Eventuell empfiehlt es sich, die Unterrichtseinheit mit einer Methodenevaluation abzuschließen, bei der die Potentiale und Risiken eines Rollenspiels für die historische Erkenntnis in einer Diskussion abgewogen werden.

3.2.4 Probleme des Historischen Urteilens

- The American Revolution: Eine Revolution oder „nur" eine Unabhängigkeitsbewegung?
- Das Ende der Weimarer Republik: Zwangsläufiges Scheitern oder bewusste Zerstörung?
- Die Hinrichtung Ludwigs XVI. 1793: Mord, Notwehr oder verständliche Entscheidung des Nationalkonventes?

Mit den ‚Probleme des historischen Urteilens' werden Lerngelegenheiten geschaffen, die eine „Rationalisierung des historischen Wertens" (Rüsen 1997, S. 305) anstreben. Frage- und Problemorientierungen stehen stets im Zusammenhang mit einer Urteilsbildung. Die ‚Probleme der historischen Perspektive' und jene ‚der Kausalität' fördern beispielsweise die Entwicklung fundierter Sachurteile. Mit den ‚Problemen der historischen Urteilsbildung' wird die Weiterführung zu plausiblen Werturteilen geübt und reflektiert.

Schülervorstellungen

Wenige Aspekte wurden und werden im Hinblick auf den Geschichtsunterricht so kontrovers diskutiert wie das historische Urteilen. Einerseits wird zu Recht darauf verwiesen, dass jede historische Narration Dimensionen des Urteilens enthält, sodass Urteilen (erkennen) lernen eine selbstverständliche Forderung sein muss. Andererseits zeigen Unterrichtserfahrungen und empirische Forschungen gleichermaßen, wie schwer es Jugendlichen fällt, historisch triftige Urteile zu erarbeiten. Aber auch Geschichtsdidaktiker sind sich keineswegs darüber einig, wie historisches Urteilen in den Unterricht integriert werden soll und welche Anforderungen genau zu bewältigen sind.[33]

Beim historischen Urteilen spielen die unterschiedlichen Basiskonzepte eine Rolle, die bereits angeführt wurden. Ein wichtiger Faktor ist beispielsweise die Konzeptualisierung von Geschichte als Konstrukt. Schülern, die Geschichte noch als eine Tatsachenschilderung über die Vergangenheit wahrnehmen, fällt es schwer, Urteile in einer Darstellung aufzufinden und auf ihre Triftigkeit hin zu überprüfen. Meinungen und Urteile können nicht schlüssig voneinander getrennt werden. Multiperspektivität, Kontroversität und Pluralität werden in eine Vorstellung von nebeneinander existierenden, quasi gleichberechtigten Meinungen übersetzt. Die eigene historische Erkenntnisarbeit kann noch nicht oder nur bedingt für eine Überarbeitung und Revision der eigenen, bereits zuvor gefassten Meinung herangezogen werden. Die Jugendlichen werden in ihrem Alltag an vielen Stellen zu einer oft voreiligen Meinungsbildung aufgefordert, so müssen sie sich erst mit der Zeit erschließen, was ein fundiertes und schlüssiges Urteilen in der Domäne Geschichte kennzeichnet und wie sich Meinung und Urteil voneinander abgrenzen lassen.

Didaktische Herausforderungen

Die Unterscheidung in Sach- und Werturteil ist ein wichtiger Schritt in der Annäherung, der allerdings auf die Schwierigkeit trifft, dass diese Dimensionen in historischen Darstellungen in der Regel eng verwoben sind. Demensprechend schwer fällt es Schülern, die Reflexion über eine solche Abgrenzung zum festen Bestandteil des eigenen Denkens zu machen und stets die historischen Kontexte und die kulturellen Orientierungen fremder Gesellschaften in ihre Überlegungen einzubeziehen (vgl. Seixas/Morton 2013, S. 184).

Die ‚Probleme des historischen Urteilens' sollen demnach in Stundentypen verortet werden, die sich als *concept gym* (Chapman 2003) verstehen und die der Profilierung und Vertiefung des historischen Denkens zugeordnet sind. Dies kann Unterrichtssequenzen umfassen, die sich mit der Dekonstruktion historischer Texte beschäftigen, Sach- und Werturteile herausarbeiten und Triftigkeitskriterien für historische Urteile definieren und prüfen. Ebenso gehören dazu Stunden, in denen ein besonderes historisches Ereignis oder eine Entwicklung aufgegriffen wird und die Jugendlichen zum eigenen triftigen Urteilen angeleitet werden. Solche Stunden funktionieren nur über die Einbettung in eine Unterrichtsreihe, da die Schüler ein umfassendes Kontextwissen benötigen, um ein Urteil erarbeiten und anhand von Gütekriterien überprüfen zu können. Rüsen hat auf die besondere Bedeutung verwiesen, die der Multiperspektivität als Voraussetzung zukommt, um ein „Spektrum divergierender Möglichkeiten" grundzulegen (Rüsen 1997, S. 307). Erst darauf könne eine Weiterführung aufbauen, um auf Gegenwartsebene „verschiedene Identifikationen mit Vergangenem und Bedeutungszumessungen an Vergangenes" zu erschließen, den eigenen Standpunkt zu reflektieren und Wertungen zu rationalisieren (ebd.).

An die damit verbundenen Herausforderungen müssen die Lerngruppen herangeführt werden. Die Fähigkeit zum historisch triftigen Urteilen wird beispielsweise auch dadurch gefördert, dass Schüler erkennen, wie sich gute (d.h. triftige) von weniger gelungenen Urteilen abgrenzen. In einzelnen Sequenzen können den Schülern, wenn sie bereits in das Thema eingearbeitet sind, Bewertungen Dritter vorgelegt werden, um eine Auseinandersetzung mit den Gütekriterien anzuregen.

Für die Schüler soll deutlich werden, dass eine Deutung und Bewertung sachgerecht und stichhaltig erarbeitet, schlüssig erzählt, überprüfbar und für andere bezüglich der Urteilskriterien transparent sein muss (Conrad 2011). Die Jugendlichen sollen über die Jahre des Mittelstufenunterrichts eine kritischreflexive Haltung entwickeln und eine „kontrollierte Urteilsbildung gemäß dem Rationalitätsprinzip“ anstreben und mit einer Unterscheidung der „normative(n) Dimension der historischen Urteilsbildung von der empirischen“ verbinden (Becker 2012, S. 321).

Die Kriterien der Triftigkeit lassen sich wie folgt zusammenfassen:

- empirische Triftigkeit: Eine Geschichte ist dann plausibel, wenn sie auf Quellen basiert und eine gewisse Vollständigkeit anstrebt, die Quellenauswahl erklärt und problematisiert, den Erkenntniswert der Quellen prüft und die Quellenkritik argumentativ einbindet. Der Tatsachenbezug entscheidet über die Zustimmungsfähigkeit, die Aussagen richten sich auf das „Dokumentarische“ und müssen belegt sein (Rüsen 2013, S. 59).
- normative Triftigkeit: Die Normen, Normenbezüge und das Erkenntnisinteresse einer Narration müssen für den Leser bzw. die Leserin transparent sein. Dazu gehört, dass in der Geschichte unterschiedliche Urteile und Bewertungen verhandelt werden und ein Bemühen um eine Abgrenzung zwischen Sach- und Werturteil deutlich wird. Die Perspektive und Position des Autors sollte bestimmt und reflektiert sowie in das Spektrum anderer – eventuell kontroverser – Bewertungen eingeordnet werden.
- narrative Triftigkeit: Die Geschichte muss nachvollziehbar erzählt werden, um plausibel zu sein. Dies bedeutet, dass der Erkenntnisprozess nachvollziehbar sein sollte und die Erzählung insgesamt eine „narrative Kohärenz“ aufweisen muss (ebd.).

Für den Unterricht empfiehlt sich eine Annäherung über möglichst einfache Stichpunkte im Anfangsunterricht und eine allmähliche Ausweitung und Steigerung der Komplexitätsstufen (vgl. Abb. 14).

Benennung	Vereinfachte und verkürzte Merkformel	Vereinfachte Beschreibung
Empirische Triftigkeit	sachgerecht und nachprüfbar?	Ist die Erzählung sachgerecht und nachprüfbar? Werden die Quellen und Darstellungen einbezogen? Wird die Beweisqualität angegeben *(nachweislich, vermutlich, nicht nachprüfbar …)* Werden die verschiedenen Perspektiven aus der Erarbeitung einbezogen?
Narrative Triftigkeit	schlüssig?	Ist die Erzählung schlüssig? Wird die Themenstellung erklärt, indem die temporalen und räumlichen Bezüge ausgewiesen werden? Ist die Argumentation logisch aufgebaut und sprachlich angemessen formuliert? Werden Sachaussage, Sachurteil und Werturteil in einen Sinnzusammenhang gebracht und auf die Fragestellung bezogen?
Normative Triftigkeit	transparent und angemessen?	Sind die Urteilskriterien transparent und angemessen? Werden unterschiedliche Urteile damals und heute einbezogen? Werden Werte und Normen auf der Vergangenheitsebene ausgewiesen? Werden die Werte und Normen des eigenen Urteils reflektiert?

Abb. 14: Die drei Triftigkeiten – eine Übersicht für den Unterricht (vgl. Kühberger 2009; Becker 2010, S. 131 ff.; Conrad 2011, S. 2 ff.; Rüsen 2013, S. 57–63).

Ein Beispiel

In der Reihe zur Französischen Revolution kann im Anschluss an die bereits skizzierten Unterrichtssequenzen eine Vertiefungsstunde geplant werden, die sich mit dem Prozess und der Hinrichtung Ludwigs XVI. befasst.

Die Hinrichtung Ludwigs XVI. 1793: Mord, Notwehr oder verständliche Entscheidung des Nationalkonventes?

Die Schüler erarbeiten aufbauend auf zeitgenössischen Stellungnahmen eine eigene Argumentation (vgl. Hoffmann 2012). Die Materialien der Erarbeitungsphase umfassen neben einer Übersicht über die historischen Entwicklungen Auszüge aus den Reden von Robespierre (3. Dezember 1792), Marat (6. Dez.), de Sèze (26. Dez.) und Vergniaud (31. Dez.).[34] Die Erarbeitung erfolgt arbeitsteilig, jeder Schüler analysiert zwei Reden (z.B. Robespierre und Vergniaud). Die Aufgaben richten sich a) auf die inhaltliche Erschließung, die Aufschlüsselung der Argumentationsstruktur und der eingewobenen politisch-gesellschaftlichen Hintergründe, b) die Bestimmung von Standpunkt und Erkenntnisinteresse sowie die Perspektivenanalyse. Eine Möglichkeit, eine Auseinandersetzung mit zeitgenössischen Urteilen zu fördern, besteht schon in aktivierenden Leseaufgaben (vgl. dazu Kap. 4.3). Ein Arbeitsblatt hilft den Schülern, die Urteilsbildung auf der Ebene Vergangenheit vorzubereiten (vgl. Abb. 15).[35] In der Auswertung werden Beispiele der „Argumentations-Sandwiches“ vorgestellt und besprochen. Die übergreifende Frage der Stunde wird in der nächsten Phase diskutiert, wobei nicht mehr alleine das Urteil der Zeitgenossen, sondern auch die individuelle Bewertung der Schüler zu verhandeln ist. Durch die Vorbereitung sollte es nun möglich sein, die historischen Perspektiven einzubeziehen und dennoch Sach- und Werturteil voneinander abzugrenzen und die eigenen Urteilsdeterminanten zu erklären. In der Evaluation wird das historische Urteilen als Erkenntnisprozess aufgegriffen. Dazu können Auszüge aus der Tabelle (Abb. 14) genutzt werden, um Plausibilitäten zu überprüfen und die Gültigkeitskriterien aufzuzeigen.

Die Hinrichtung Ludwigs XVI. 1793: Mord, Notwehr oder verständliche Entscheidung des Nationalkonventes?

1. Erarbeitet die Positionen, die Robespierre und Vergniaud im Hinblick auf eine Verurteilung des Königs vertraten.
2. Erklärt, welche Ereignisse, Personen und Phänomene die Entscheidungsfindung im Nationalkonvent 1792/93 beeinflussten.
3. Erarbeitet jeweils zwei „Argumentations-Sandwiches". Einmal für die Position, die Robespierre einnimmt, einmal für jene Vergniauds (vgl. unten).

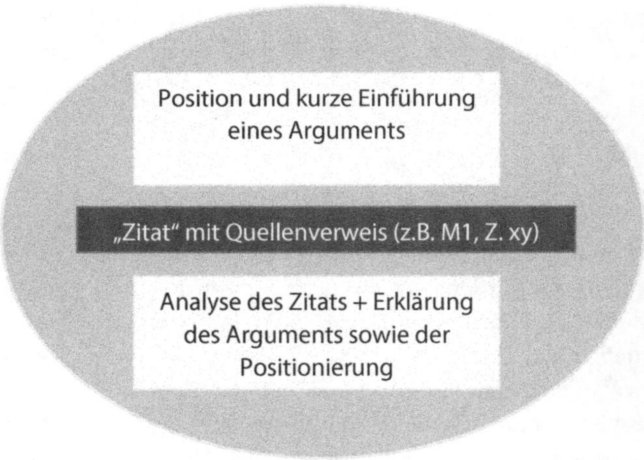

Abb. 15: Arbeitsblatt zur Vorbereitung eines historischen Urteils.

3.3 Probleme des historischen Erkenntnisverfahrens und der historischen Zugriffe

Im Mittelpunkt dieser Problemkategorie stehen die kognitiven Prozesse, die Individuen befähigen, Kriterien, Grenzen und Gewissheit historischer Erkenntnis zu bestimmen und zu reflektieren (Maggioni et al. 2009).

Schüler und Schülerinnen sollen im Geschichtsunterricht auf einen reflektierten Umgang mit Geschichte vorbereitet werden. Dazu gilt es vor allem Schüler davon zu überzeugen, dass historische Denkprozesse keine Schulübungen sind, sondern in ihrem lebensweltlichen Bezug zur Anwendung kommen sollten. Dieses Ziel lässt sich über den problemorientierten Geschichtsunterricht ansteuern, indem Unterrichtseinheiten in Reihenkonzepte eingewoben werden, die Besonderheiten und Schwierigkeiten im historischen Erkenntnisverfahren thematisieren. Der historische Denkprozess bzw. die disziplinäre Matrix der Geschichtswissenschaft (Rüsen 1983, S. 24 ff.) können in allen Facetten zu Problematisierungen in dieser Kategorie herangezogen werden. Die unten genannten Aspekte sind demnach nur Exempel für Charakteristika, Schwierigkeiten und Fallstricke des historischen Denkens und können durch viele weitere Fragestellungen ergänzt werden.

3.3.1 Geschichte als Konstruktion

Beispiele:
- Geschichte – Mehr als Daten und Fakten?
- Die Kuba-Krise – Gibt es eine richtige und viele falsche Erklärungen?
- Gibt es ein historisches Wissen einfach zum Mitnehmen[36]?

Die Probleme diesen Typs sind auf die epistemologischen Überzeugungen ausgerichtet und versuchen, die Unterscheidung zwischen der Vergangenheit bzw. dem vergangenen Geschehen (*res gestae)* und der *historia rerum gestarum* als Geschichte im stetig verfügbaren Bewusstseinshorizont der Schüler und Schülerinnen zu verankern und so ein reflektiertes Geschichtsbewusstsein zu fördern.

Schülerkonzepte

Schüler beantworten die Frage, was Geschichte ist, sehr unterschiedlich. Eine frühe Überzeugung ist, dass Geschichte – zumindest, wenn sie gut gemacht ist – identisch mit der Vergangenheit ist. Als *copier stance* wird dies in den Studien zu den epistemologischen Überzeugungen bezeichnet, weil die

Jugendlichen Geschichte als Kopie der Vergangenheit ansehen (van Boxtel/van Drie 2018, S. 157). Sie kann dementsprechend nur richtig oder falsch sein. In einer nächsten Niveaustufe wird Geschichte als eine Sache von persönlichen Meinungen beschrieben *(subjectivist stance)*. Diese Haltung wird durch eine erste Einsicht in die Kontroversität in historischen Darstellungen gewonnen, wenn die Urteilsdeterminanten nur in politischen Überzeugungen oder persönlichen Standpunkten vergegenwärtigt werden. Auf einer höheren Stufe erfassen die Jugendlichen den Konstruktcharakter in seiner Kriteriengebundenheit, die über die historische Methode bestimmt wird *(criterialist stance)*.

Die Diagnose der Schülerkonzepte ist ein wichtiges Element in der Gestaltung von problemorientiertem Geschichtsunterricht. Die für empirische Studien zur Überprüfung der epistemologischen Überzeugungen der Schüler erstellten Testaufgaben (Abb. 16: Maggioni et al. 2015; VanSledright/Reddy 2014) können auch im Klassenzimmer herangezogen werden, um ohne großen Zeitverlust Einblicke in die Schülervorstellungen zu bekommen.

Folgende Aussagen sind Schülerantworten auf die Frage, was Geschichte eigentlich ist. Entscheide, inwieweit du den Aussagen zustimmst.	**Skala 1 (ich stimme überhaupt nicht zu) bis 6 (ich stimme voll und ganz zu)**
Schüler/Schülerinnen, die gut im Auswendiglernen sind, lernen Geschichte schnell.	1 – 2 – 3 – 4 – 5 – 6
Geschichte ist nur eine Sache der Interpretation.	1 – 2 – 3 – 4 – 5 – 6
Sogar Augenzeugen stimmen nicht überein, wenn sie ein historisches Ereignis schildern. Es gibt deshalb keine Möglichkeit herauszufinden, wie es wirklich war.	1 – 2 – 3 – 4 – 5 – 6
Geschichte ist vor allem eine Meinungsfrage.	1 – 2 – 3 – 4 – 5 – 6

Unterschiede in der Darstellung und Bewertung eines historischen Ereignisses beruhen auf fehlenden Quellen.	1 – 2 – 3 – 4 – 5 – 6
Wenn zwei Zeitzeugen unterschiedliche Geschichten über ein Ereignis erzählen, sagt einer nicht die Wahrheit oder verschweigt etwas.	1 – 2 – 3 – 4 – 5 – 6
Eine historische Darstellung ist das Produkt eines fachlichen Erkenntnisprozesses.	1 – 2 – 3 – 4 – 5 – 6
Geschichtslehrer sollten Schüler nicht nach historischen Urteilen fragen, sondern nur überprüfen, ob sie die Fakten gelernt haben.	1 – 2 – 3 – 4 – 5 – 6
... *[Der Katalog enthält viele weitere Aussagen]*	

Abb. 16: Diagnoseaufgaben zur epistemologischen Überzeugung (vgl. Maggioni et al. 2015; VanSledright/Reddy 2014, Appendix A.).

Konsequenzen für die Unterrichtsplanung

Die Studien zu Prä-Konzepten von Schülerinnen und Schülern legen nahe, dass sich ein theoretisches Geschichtsverständnis zwar erst im Laufe der Zeit bis zum Erwachsenenalter aufbaut, diese Entwicklung aber durch gezielte Förderung positiv beeinflusst werden kann (Halldén 1997). Insofern dürfte es sich lohnen, die Auseinandersetzung mit dem Konstruktcharakter in Vertiefungsstunden explizit zum Thema zu machen.

Zwei Beispiele

Gerade Schüler und Schülerinnen, die kurz vor einer Klausur stehen, fühlen sich im Fach Geschichte überfordert und suchen nach Merkwissenskatalogen, die ihnen eine scheinbare Sicherheit in der Prüfungsvorbereitung bieten. Die Kommentarzeilen bei You-Tube-Videos (z.B. MrWissen2go) zeigen die Bedarfe für Prüfungsvorbereitungen eindrücklich auf. Insofern kann die Auseinandersetzung mit der historischen Erklärung als Narration und mit den Erzählprinzipien von Geschichte sinnvoll sein, um das sich eventuell verfestigende Bild von der einen richtigen Erklärung wieder fluide zu machen.

Die Kuba-Krise: Eine oder viele richtige Erklärungen?

Die Problemstellung ist auf eine Beschäftigung mit den Kriterien einer gelungenen Erklärung ausgerichtet. Gegen Ende einer Unterrichtsreihe ‚Kalter Krieg oder Ost-West-Konflikt?' lässt sich eine Stunde einordnen, in der die Schüler in Gruppen jeweils ein Erklärvideo mit möglichst einfachen Mitteln drehen sollen.

Im Einstieg wird eines der vielen bei You-Tube verfügbaren Erklärvideos zu einem allgemein bekannten Thema gezeigt (z.B. zur Geschichte der Olympischen Spiele) und die inhaltlichen sowie formalen Gestaltungsmerkmale besprochen. Darauf aufbauend werden die Kriterien für ein gutes Video dieser Gattung gesammelt und festgehalten. Dann erhalten die Gruppen die Lernaufgabe (z.B.: Erstellung eines dreiminütigen Videos zur Erklärung der Kuba-Krise unter Einbindung von mindestens zwei Quellen). Die Schüler bestimmen selbst, an welche Zielgruppe sie das Video adressieren und welche Fragestellung sie in Abstimmung mit dem Materialkorpus verfolgen. In einer kurzen Phase der Hypothesenbildung werden gemeinsame Strategien zur Videoerstellung erörtert, Material gesichtet und die Fragestellung ausdifferenziert. Die Schüler sollten für die Erarbeitung auf eine Zeitleiste zurückgreifen können, die auch eine längere Vor- und Nachgeschichte umfasst und keine Zäsurdaten für die Eingrenzung der Kuba-Krise vorgibt (z.B. Ploetz). Die Schüler sollen selbst entscheiden, welchen Zeitraum sie einbeziehen. Leitartikel aus Zeitungen (z.B. 28.10.1962, BRD und DDR), die zeitgenössische Erklärungen und Deutungen spiegeln, eignen sich ebenfalls als Materialgrundlage.[37]

In der Auswertungsphase werden die Erklärvideos gesichtet und entsprechend der eingangs erstellten Kriterien besprochen. Um eine Vertiefung in der Auseinandersetzung mit der historischen Erklärung zu gewährleisten, können verschiedene Aspekte hervorgehoben werden: Wie unterscheiden sich die Erklärungen? Mit welchem Ereignis wurde begonnen, um die Krise zu erklären? Welche Rolle spielten Ost- bzw. West-Perspektiven? Welche Personen oder Gruppen wurden als Entscheidungsträger dargestellt? Auf dieser Grundlage kann die Problemstellung wieder aufgegriffen und diskutiert werden.

Eine weiterführende Sequenz bietet sich mit einer Schulbuchanalyse an. Das Lehrwerk umgibt in der unbewussten Wahrnehmung der Jugendlichen meist eine Aura unangefochtener Autorität. Viele Schulbücher haben den Wandel zu autorenverfassten historischen Darstellungen, die einer Fragestellung folgen, noch nicht geschafft und bieten nach wie vor die künstliche Lehrwerksgattung des „Verfassertextes" im Sinne eines enzyklopädischen Überblicks an. Eine Analyse des Textes zur Kuba-Krise kann insofern eine Distanzierung schaffen und den reflektierten Umgang mit dem Lehrwerk fördern. Bernhardt wies für dieses Thema u.a. auf ein Festhalten an Westperspektiven hin. Alleine die Wahl des Erzählanfangs mit der Raketenstationierung auf Kuba ohne Vorgeschichte fördere eine Meistererzählung der Krise als Rettungstat Kennedys.[38]

Zweites Beispiel: Der zweite Unterrichtsvorschlag bezieht sich auf historische Ausstellungen. Diese bieten meist eine komplexe, für Schüler schwer zu analysierende Deutung. Die Exponate verstärken den Eindruck der Authentizität, sodass Jugendliche schnell in eine passiv-rezipierende Haltung gedrängt werden. Die folgende Sequenz möchte die Gemachtheit von Ausstellungen betonen, indem die Schüler die Deutungen und damit einen Teil des Konstruktes selbst entwerfen.

Eine Ausstellung zur Demokratiegeschichte: Wer oder was steht im Mittelpunkt?

Carla van Boxtel (2009, S. 47) stellte einer Schülergruppe die Aufgabe, einen Brief an die Organisatoren einer Ausstellung zur Demokratiegeschichte der Niederlande zu schreiben. In dem Brief sollten sie argumentieren, warum ein besonderes Ereignis, ein Phänomen, eine historische Person hervorgehoben werden müsste. Die Schüler sollten Argumente für ihre Auswahl quellenbasiert ausarbeiten und auch Gegenargumente einbeziehen. Eine solche Aufgabe lässt sich adaptieren, indem das Ausstellungsszenario etwa nach Brüssel verlegt wird:

Das Haus der Europäischen Geschichte in Brüssel plant eine Ausstellung zur Demokratiegeschichte in Europa. Das Kuratorium und der Wissenschaftliche Beirat bitten nun junge Menschen in ganz Europa um einen begründeten Vorschlag, was in den Mittelpunkt, z.B. eine zentrale Vitrine im Raum, gerückt werden soll. Es kann sich um ein Dokument, um eine Person, ein Ereignis oder eine Idee handeln. Die Vitrine soll eine Art Zentrum der Ausstellung sein, die sich dann in verschiedene zeitliche und räumliche Schwerpunkte verzweigt. Das für diese Vitrine ausgewählte Ausstellungsstück wird auch auf dem Werbeplakat der Ausstellung abgedruckt.

Die Aufgabe wird zunächst gemeinsam besprochen und erste Vorschläge gesammelt. Dabei soll deutlich werden, dass beispielsweise die Französische Revolution insgesamt als Vorschlag nicht konkret genug ist. Sie müsste auf ein Phänomen, z.B. die Erklärung der Menschenrechte, eingegrenzt und durch ein Exponat (z.B. Gemälde von Jean-Jacques-François Le-Barbier) repräsentiert werden. Dieser Vorschlag ließe sich mit Verweis auf die früheren *Bill of Rights* oder auf die europäische Dimension mit der „Convention for the Protection of Human Rights and Fundamental Freedoms“ des Europarates 1950 oder der UN-Charta 1948 wieder in Frage stellen. Auch können andere Vorschläge angeregt werden, um eine zu frühe Festlegung zu verhindern. Die Schüler arbeiten schließlich ihre Argumentationen (mit Gegenargumenten) aus und stellen sie in einer Auswertungsphase vor. Die Argumente für den einen und gegen den anderen Vorschlag werden noch einmal überprüft, um schließlich eine Entscheidung zu treffen. Die Reflexion ist auf die Bedeutung der Auswahl für die Ausstellungskonzeption ausgerichtet und hinterfragt die Kriterien. Die Vertiefung und Problematisierung sollte der Frage gewidmet sein, wie eine lineare Entwicklungsgeschichte hin zur Demokratie in einer solchen Ausstellung vermieden und die Brüche (z.B. Umgang mit dem Imperialismus, den Weltkriegen und dem Holocaust) einbezogen werden können.

3.3.2 Probleme der Zugriffsperspektiven und der Raumvorstellungen

Beispiele:

- Versailler Vertrag oder Pariser Vorortverträge: Zwei unterschiedliche Geschichten?
- Europa im Zentrum? Die Geschichte des Kolonialismus in Karten
- Gutenberg und der Buchdruck: Eine Medienrevolution „made in Germany"?

Nationale Geschichte, europäische Geschichte oder Globalgeschichte? Welche Perspektiven und Zugriffe sind für den Geschichtsunterricht relevant? Diese Fragen stellen sich immer drängender, da durch die Globalisierung neue Anforderungen an die Orientierung in einer Welt von morgen definiert werden. Die Lehrpläne im Fach Geschichte gehen sehr unterschiedlich mit den Herausforderungen um. Die Probleme dieses Typs ermöglichen auch innerhalb der vorgegebenen Lehrplanreihen eine vertiefende Reflexion zu Geschichtsbildern, die beispielsweise durch nationale Perspektiven geprägt und durch Lehrplan- und Schulbuchkonzeptionen zementiert werden.

Schülervorstellungen

Die naiven Konzepte von Jugendlichen stehen den Einsichten in Konstruktionsprinzipien durch Zugriffsperspektiven zunächst entgegen. Solange beispielsweise der Begriff „Nation" nicht als eine kulturell geprägte Vorstellung, sondern konkret und essentialistisch verstanden wird (Rodriguez-Moneo/Lopez 2017, S. 482, vgl. Kap. 1.3.3), ist eine Reflexion der Zugriffsperspektiven „regional – national – europäisch – global" schwierig. Die Konzepte, die bei diesem Problemtypus im Vordergrund stehen, umfassen nicht nur die Reichweite der Zugriffe, sondern auch Raumvorstellungen und Raumkonzepte, die gesellschaftlich zum Teil tief verankert und zu Geschichtsbildern erstarrt sind. Ein Beispiel hierfür sind die dominierenden eurozentrischen Perspektiven, die sich etwa in den Weltkarten zum Ost-West-Konflikt in vielen Schulbüchern widerspiegeln. Gleichzeitig sind die „Raumwelten" der Schülerinnen und Schüler in einer Migrationsgesellschaft sehr unterschiedlich geprägt (Oswalt 2010, S. 233).

Herausforderungen

„Wer Aspekte des Raums nicht reflektiert, dem bleibt die Konstruktivität historischen Denkens in einem zentralen Punkt verborgen", so resümiert Oswalt (2010, S. 233). Es wäre durchaus zu überlegen, ob ‚Probleme der Raumkonzepte' nicht auch in die Kategorie der ‚Historische(n) Problemerschließung' (Kap. 3.2) aufgenommen werden müssten. Mit der Verortung in den ‚Vertiefungen' werden die Zugriffe mit ihren inhärenten Geschichtsbildern selbst zum Thema. Das Lernarrangement gestaltet sich dementsprechend vielseitig: Die Entwicklung von naiven Vorstellungen hin zu Fachkonzepten findet ebenso Beachtung wie die Analyse von gesellschaftlich virulenten Raumkonstrukten und die Beschäftigung mit neuen Perspektiven, die erweiterte Zugriffe im Sinne eines *big pictures* eröffnen können. Dieser Begriff wird in der angelsächsischen Didaktik für eine „Großperspektive Geschichte" genutzt: „Seeing the big picture involves placing topics of study within a broader understanding of the past. This involves relating topics to the local, national, and world perspective together with their place in a broader understanding of the past" (Historical Association[39]). Die Fragen nach dem Platz eines Themas im *big picture* sollen als Gelegenheit gestaltet werden, aus dem üblichen „Detail-Zoom" einer Lehrplanreihe in eine Art „Totale" zu wechseln. So soll zumindest der gewählte Zugriff in seiner Perspektive evident werden, durch andere Blickwinkel ergänzt und nach Möglichkeit in größere Zusammenhänge einer Menschheitsgeschichte eingeordnet werden. Selbst kleine Schritte und Verunsicherungen sind auf diesem Weg produktiv und zielführend, denn den Lehrplan kann eine Lehrerkraft nicht umschreiben. Sie kann aber zur Auseinandersetzung mit jenen

Geschichtsbildern anregen, die durch die Zugriffsperspektiven geprägt werden.

Konsequenzen für den Unterricht

Eine Möglichkeit für eine Problematisierung im Unterricht können Dekonstruktionen von versteckten Geschichtsbildern (z.B. die eurozentrischen Perspektiven im eigenen Lehrwerk) sein. Scheinbar einfache Wahrnehmungswechsel eignen sich, um erste Verunsicherungen zu schaffen und diese zur Gewinnung neuer Fragestellungen zu nutzen: Beispielsweise können die Geschichtskarten im Schulbuch, die sich auf die internationale Geschichte beziehen, als kulturelle Repräsentationen in den Mittelpunkt einer Unterrichtsstunde gerückt und mit anderen Perspektiven verglichen werden. In dieser Stunde (‚Zeigen Karten die Welt oder ein Weltbild?') rücken nicht die detaillierten Karteninterpretationen in den Vordergrund, sondern die in den Karten immanenten Raumvorstellungen und die Raumkonzepte der Karten- und Lehrwerksautoren.[40] Es geht um Vorstellungswelten, die sich in Karten abbilden und die so allgegenwärtig reproduziert und damit als angenommenes Weltwissen akzeptiert werden, dass sie weithin die *mental maps* prägen. Nach der Erarbeitung der zugrundeliegenden Weltbilder und der Auseinandersetzung mit den kognitiven Karten bietet sich eine Weiterführung an, indem das eingeführte Geschichtsschulbuch auf andere Manifestationen dieser Weltbilder überprüft wird. Damit eröffnen sich für die Schüler auch Fragen nach den Leerstellen des Geschichtsunterrichts – wer bekommt eigentlich keine eigenständige Geschichte „zugeordnet" und inwiefern wirkt sich dies auf die Vorstellungen von diesen Gesellschaften aus?

Ein weiterer Vorschlag bezieht sich auf die Dekonstruktion der nationalen Perspektive bei der Behandlung des Versailler Vertrages im Schulbuch (und in Lehrplänen). Das Vertragswerk der Pariser Vorortverträge nach dem Ersten Weltkrieg wird in vielen Lehrwerken der Mittelstufe auf eine nationale

Perspektive bezogen und sogar teilweise nur auf die Rezeptionsgeschichte in der Weimarer Republik eingegrenzt. Insofern ist eine Unterrichtssequenz in der Oberstufe sinnvoll, die diese festgeschriebene Deutung dekonstruiert.

Versailler Vertrag oder Pariser Vorortverträge – Zwei unterschiedliche Geschichten?

Die Unterrichtssequenz kann mit ergänzenden Materialien um drei Karten gruppiert werden: Die eine zeigt „Deutschland nach dem Ersten Weltkrieg“ (z.B. Horizonte 2015, RLP, S. 94ff.), die andere die Grenzveränderungen durch die Pariser Vorortverträge (z.B. Europäisches Geschichtsbuch, S. 355), die dritte Karte die Staatengründungen seit 1914 (z.B. Diercke Weltatlas, S. 92). Zunächst werden die beiden Karten zu den Gebietsveränderungen miteinander verglichen und erörtert, inwiefern die Kartendarstellung das Geschichtsverständnis des Lesers vorprägt.

In der Erarbeitungsphase beschäftigen sich die Schüler mit den Aussagen der Karten zu den Veränderungen und erarbeiten die historischen Kontexte zu den Pariser Vorortverträgen. In der Vertiefungsphase kann ein Mittelstufenlehrwerk herangezogen werden, um eine Verengung der Geschichtsdarstellung auf eine nationale Perspektive und die Auswahl des Kartenmaterials zu hinterfragen. Die Lehrwerke behandeln den Versailler Vertrag in Auslegung der Lehrpläne oft nur in der Unterrichtsreihe zur Weimarer Republik. Durch die Einbindung eines internationalen Bezugs (Ende eines Weltkrieges und Friedensverträge) in einen nur nationalen Kontext (Weimarer Republik) entstehen Ungleichgewichte. Der Versailler Vertrag wird auf eine Rezeptionsgeschichte in der Weimarer Zeit reduziert und erfährt keine Deutung aus heutiger fachlicher Sicht. Die häufig abgedruckte Karte „Deutschlands Verstümmelung“ von 1929 soll durch beigefügte Aufgabenstellungen zwar dekonstruiert werden, sorgt auf den ersten Blick aber eher für eine visuelle Vergegenwärtigung der so überbordenden Deutung des Vertrages. Diese Verengung ist nicht geeignet, um die Geschichte heutiger Probleme oder unterschiedliche Erinnerungskulturen zu verstehen.[41] Letztendlich verpasst Geschichtsunterricht so seine Zielsetzung und bleibt – trotz der vorhandenen Dekonstruktionsansätze – in einem tradierten Kanon verhaftet. Deshalb scheint es sinnvoll, solche Verengungen zum Thema einer reflektierenden Unterrichtssequenz zu machen, um daran eine Diskussion anzuschließen, welcher Auschnitt des *big picture* eigentlich für den Geschichtsunterricht gewählt werden soll und kann.

3.3.3 Probleme der historischen Erschließung und Interpretation

Beispiele:

- Quellen – authentische Wiedergabe der Realität oder eine beliebige Meinung?
- Das Luther-Denkmal in Worms – eine Quelle oder eine Darstellung?
- Ein Zeitzeugengespräch – Geschichte aus erster Hand oder nur eine subjektive Erzählung?
- Historienbilder – Abbilder der historischen Realität oder einfach Kunstwerke?
- Fotos – Momentaufnahmen aus der Vergangenheit?
- Die Ebstorfer Weltkarte – Weltvorstellung oder didaktisches Hilfsmittel?

Geschichte ist nicht die Vergangenheit, sondern eine Erzählung über eine Vergangenheit, die unwiderruflich vorbei ist. Geschichtsschreibung kann nur rekonstruieren, wie es „gewesen sein könnte" (Baumgärtner 2015, S. 20). Die Grundlage ist die systematische Auswertung von Quellen und Darstellungen, die die Jugendlichen lernen sollen. Dazu gehört ein reflektierter Umgang mit den verschiedenen Gattungen sowie die Entwicklung eines Wirklichkeitsbewusstseins, das sich mit einer „Grenze zwischen realen und fiktiven Ereignissen und Personen" auseinandersetzt (Pandel 2013, S. 140).

Schülervorstellungen

Auch hier hilft ein Blick auf noch naive Konzeptvorstellungen, um den Unterricht leichter an die Bedürfnisse der Schüler anpassen zu können. Schüler, die Geschichte mit Vergangenheit gleichsetzen, interpretieren auch Quellen als Abbild dieser Vergangenheit. Abweichungen in Quellen werden in einer Dichotomie von Lüge und Wahrheit verortet, die mit Parteilichkeit und Instrumentalisierung begründet wird. Erst in einem umfassenden Verständnis für Geschichte erhält dann die Quellenarbeit eine neue Dimension, wenn erkannt wird, dass Geschichte eine kriteriengeleitete Interpretation auf der Basis von Quellen und Darstellungen ist, die durch eine Fragestellung geleitet wird (vgl. Reisman/McGrew 2018, S. 536).

Wineburg testete *college students* in Bezug auf die Fähigkeit, mit den Materialien des Geschichtsunterrichts umzugehen. Ein Beispiel bezog sich auf das Gemälde „The First Thanksgiving 1621", das 1932 nach einer Vorlage des 1930 verstorbenen J.L.G. Ferris veröffentlicht wurde (Abb. 17). Die Studenten wurden in dem Test gefragt, ob sie folgender Aussage zustimmen oder nicht: „The painting *The First Thanksgiving 1621* helps historians understand the relationship between the Wampanoag Indians and the Pilgrim settlers in 1621." (Wineburg et al. 2018, S. 987). Die Studierenden sollten ihre Entscheidung kurz begründen.

Abb. 17: „The First Thanksgiving 1621", Jean L. G. Ferris, 1932.

94 Prozent der Testpersonen bezogen die Entstehungszeit des Bildes nicht in die Antwort ein. Die Erklärungen verwiesen auf die naiven Vorstellungen, welche die Studierenden in Bezug auf 1621 hegten: Eine Gruppe folgte dem affirmativen Bild und strich die in den USA häufig inszenierte Erzählung vom gemeinsamen und fröhlichen Thanksgiving heraus, das im Bild gut eingefangen sei. Eine andere große Gruppe entschied sich für „Nein" und begründete die Ablehnung mit der falschen Darstellung des Bildes: In Wirklichkeit seien die Siedler gekommen, um Land in Besitz zu nehmen und jeden zu vernichten, der sich ihnen in den Weg stellte.

Solche Miss- bzw. Fehlverständnisse verhindern einen reflektierten Umgang mit Geschichte im Alltag. Der Geschichtsunterricht hat seine Hauptaufgabe nicht wahrgenommen, wenn selbst so einfache Aufgabenstellungen der Quellenkritik im Alltag nicht gelöst werden können. Solche Testresultate müssen aufrütteln und bei der Planung von Geschichtsunterricht berücksichtigt werden.

Konsequenzen für die Unterrichtsplanung

Schüler sollen nicht nur das sorgfältige Auswerten von Quellen lernen, sondern auch die Quellenkritik als unverzichtbaren Schritt verstehen, der einen Text oder ein Bild aus lang vergangener Zeit erst zu einer Quelle für die historische Erkenntnis macht. Die Kontextualisierung sowie der Vergleich verschiedener Quellen sind weitere Schritte, die durch die ‚Probleme der historischen Erschließung und Interpretation' in den Vordergrund gerückt werden (Seixas/Morton, 2013, S. 10).

Pandel entwickelte ein Modell der historischen Kompetenzen aufbauend auf Überlegungen zur alltagsweltlichen Relevanz. Eine wichtige Bedeutung schreibt er der Gattungskompetenz zu, die Schüler und Schülerinnen u.a. befähigt, „die verschiedenen Text-, Bild-, Gegenstandssorten, die sich auf Geschichte beziehen, unterscheiden" zu können und „sie in ihrem Aussagewert zu erkennen und mit den unterschiedlichen Gattungserwartungen umzugehen" (Pandel 2013, S. 227).

Zwei Beispiele

Die Erschließung von Historienbildern fällt Schülern schwer, wie schon die oben erwähnte Studie aufzeigte. Dies hängt nicht nur an den ikonographischen Codierungen, die nicht leicht zu entschlüsseln sind, sondern an der grundsätzlichen Erfassung der Gattung als Interpretation statt Abbild eines historischen Ereignisses.

Historienbilder – Abbilder der historischen Realität oder pure Erfindungen?

Die Stunde ist ungefähr in der Mitte der Reihe zu den Revolutionen im 18./19. Jahrhundert angesiedelt. Die historische Kontexterschließung ist bereits fortgeschritten, die Schüler haben sich mit den Phasen der Französischen Revolution und den darin verwobenen Ursache-Wirkungsgeflechten beschäftigt. Im Mittelpunkt der Unterrichtseinheit steht die Federzeichnung von Jacques-Louis David „Le Serment du Jeu de paume" (Der Ballhausschwur). Das vereinfachte Vorgehen (ursprünglich Panofsky/Wohlfeil) mit der vorikonographischen Bildbeschreibung, der ikonographischen Bildanalyse und der ikonologischen und historischen Bildinterpretation wird nicht angewendet, sollte den Schülern aber bekannt sein.

Abb. 18: „Der Ballhausschwur", Federzeichnung von Jacques-Louis David, 1791.

Diese Stunde zielt darauf, die Intentionalität bewusst zu machen. Die eigentliche Entstehungsgeschichte des Gemäldes wird etwas verkürzt, behält aber wichtige Elemente bei.[42] Der Einstieg beginnt mit einem leeren Bildrahmen als Impuls für die Beschäftigung mit folgender Frage:

Der Jakobinerklub in Paris beschließt 1790, einen besonders talentierten Maler mit einem Gemälde zu beauftragen, das die Revolution von 1789 für die Nachwelt festhält. Die Jakobiner geben keine spezielle Szene vor, sondern bitten den Maler um Vorschläge für das darzustellende Motiv. Welche Vorschläge könnte der Maler machen?

Die Schüler können Vorschläge entsprechend ihres Vorwissens unterbreiten und begründen, sodass sich auf Basis dieser Ideen durch eine entsprechende Gesprächsführung eine Problematisierung zwischen den Polen ‚reales Abbild eines historischen Ereignisses bzw. einer Person' und ‚inszenierte Erinnerung' ergibt. Die Federzeichnung von Jacques Louis David von 1791 bildet den Übergang zur Erarbeitung, indem kurz spekuliert wird, warum die Entscheidung in der historischen Situation zugunsten dieses Motivs gefallen sein könnte.[43]

In der Erarbeitungsphase steht erst die Erschließung im Vordergrund. Ein Puzzle (Zuordnung von kurzen Beschreibungen zu einzelnen Bildausschnitten) ist hilfreich, um das Bild zunächst zu erfassen. So können all jene Details aufgenommen werden, die später aufgegriffen werden, aber von den Schülern nicht selbst zugeordnet werden können (z.B. Personen und Personengruppen).

In einem nächsten Schritt recherchieren die Schüler Hintergrundinformationen zu den beteiligten Personen und dem Maler.[44] In der Vertiefungsphase wird das Bild mit dem Protokoll der Versammlung (v. 20. Juni 1789) und/oder dem Bild von Berthault von 1791 bzw. von Jean-Louis Prieur verglichen, um die Inszenierungselemente noch deutlicher herauszuarbeiten.[45]

Weiterführende Überlegungen lassen sich über die Frage einleiten, warum David die Arbeiten an dem Bild später einstellte und dennoch Gemälde entstanden, die letztendlich dazu beitrugen, die dargestellte Szene zu einer Ikone der Revolution zu machen. Die abschließende Diskussion sollte der Verallgemeinerung und Reflexion zur Quellengattung gewidmet sein und die Problemfrage noch einmal aufnehmen. Damit stehen Überlegungen im Raum, inwiefern das Gemälde eine Quelle oder eine Darstellung zum Ballhausschwur ist, welche Wirkabsichten mit der Historisierung des Ereignisses verbunden sind, und wie die Verdichtung und Überhöhung in einem dramatischen und spektakulären Moment gestaltet wird (vgl. Sauer 2000; Erdmann 2014). Der Künstler, die Auftraggeber und die Geschichte des Kunstwerkes werden in diese Überlegungen einbezogen, um über die Vorstellungswelten zu diskutieren, die berühmte Historiengemälde über Generationen als „Bildersaal" geprägt haben (vgl. Wobring/Popp 2014).

Ein Dokudrama – Dokumentierte Geschichte oder eine inszenierte Story?

Geschichtsdokumentationen sind in den Medien sehr präsent und jeder Schüler bzw. jede Schülerin sollte sich im Geschichtsunterricht mit der Gemachtheit der „verfilmten Geschichtsschreibung" auseinandersetzen (Pandel 2017, S. 111). Dies kann selbstverständlich im Kontexte der ‚Probleme der öffentlich inszenierten Geschichte' geschehen, aber auch an dieser Stelle, um das Genre selbst zum Thema zu machen und nach den Bauplänen zu fragen.

Ein Beispiel lässt sich anhand eines Dokudramas verdeutlichen, das gattungsspezifisch u.a. durch die Kombination unterschiedlicher Geschichtserzählungen (allwissender Sprecher, dramatische Spielszenen, Expertenerklärungen etc.) eine besonders hohe Deutungsdichte aufweist. Innerhalb einer Unterrichtsreihe zu religiösen und politischen Machtstrukturen im Hoch- und Spätmittelalter wird aus der ZDF-Serie „Die Deutschen" die Folge „Heinrich und der Papst" ausgewählt, um die Dekonstruktion von Dokudramen zu vertiefen und gleichzeitig Geschichtsbilder zu hinterfragen. Die Staffel ist zwar mittlerweile schon relativ alt (2008), die Folgen werden aber noch immer in Vertretungsstunden gezeigt, in den Fernsehprogrammen wiederholt und in neueren Dokumentationen aufgegriffen, sodass sich eine angeleitete Dekonstruktion lohnt.

Die Unterrichtseinheit sollte nicht zu früh in der Reihe verortet werden, denn die Schüler benötigen einen bestimmten Wissensvorschub, um eine aktiv-dekonstruierende und nicht eine passiv-rezipierende Haltung einzunehmen. Die Deutungsangebote der Dokudramen überfordern Schüler oft, sodass von einem regelrechten Überwältigungspotential gesprochen werden kann.[46] Die Erzählung wirkt durch eine Kombination verschiedener Gestaltungsmittel so überzeugend, dass Jugendliche sie als die einzig mögliche Darstellung und Deutung wahrnehmen. Die Schüler benötigen möglichst schon im Vorhinein einen Schlüssel zur Dekonstruktion, um sich kritisch und distanziert damit auseinandersetzen zu können.

Sinnvoll kann etwa ein kurzes Entscheidungsspiel als Unterrichtseinstieg sein. Die Schüler wählen als Regisseure ihre Interpretation von Heinrich anhand von Quellenzitaten aus. Sie müssen sich entscheiden, ob sie sich an Lampert von Hersfeld, Brun von Sachsen oder an den Liedern über den Sachsenkrieg orientieren wollen. Schon kurze Quellenzitate genügen für diese Entscheidung, die begründet werden muss (vgl. Abb. 19).

Carmen de bello Saxonico II, 1075/76, anonymer Verfasser, evtl. Angehöriger der Hofkapelle	**Aus einem Werk über den Sachsenkrieg von Brun, einem Geistlichen aus diesem Gebiet, 1082**	**Lampert von Hersfeld (ein Benediktinerabt, gest. ca. 1085) in den so genannten Annalen, 1073**
[Er war] [...] mild gegen die Demütigen, verzieh alle Verfehlungen. Dann durchzog der unbesiegbare König die Heimat der Sachsen, berichtigte alles Falsche, stellte Gesetz und Recht wieder her und gab allen, die man beraubt hatte, ihr Eigentum zurück.	Da er aber entsprechend der alten Grausamkeit nur danach strebte gefürchtet, nicht aber geliebt zu werden, blieben ihm weder die Sachsen treu noch die anderen Völker seines Reiches. Er verspielte den Ruhm, den er hätte besitzen können, denn gegenüber seinen Freunden war er nicht minder grausam als gegen seine Feinde. Er richtete der bösen Lust einen Thron auf, hatte zwei oder drei Konkubinen gleichzeitig [...].	*Die Vertreter der Sachsen und der fürstlichen Opposition kommen zu Heinrich und fordern:* [...], dass er den sächsischen Fürsten, denen er ohne gesetzliche Untersuchung ihre Güter genommen, nach dem Rechtsspruche ihrer Fürsten Genugtuung leiste, [...] dass er die Schaar von Weibern, denen er gegen die kanonischen Satzungen mit frecher Stirn und ohne alle Scham sich hingab, verabschiede [...]. [...] dass er den übrigen entehrenden und lasterhaften Handlungen, womit er als Jüngling die königliche Würde in üblen Ruf gebracht hatte, wenigstens jetzt bei reiferem Verstande und Alter entsagen möchte.

Abb. 19: Heinrich IV. im Spiegel dreier Quellen (aus: Schmale 1963, S. 171, 269).

Im Gespräch werden erste Vorschläge entwickelt, wie eine Spielszene zum jeweiligen Zitat gestaltet werden kann. Dann wird die Szene (Min. 19.20–19.23) abgespielt, sodass über diese kurze Einstiegsaufgabe ein erster Dekonstruktionsschritt und eine gemeinsame Formulierung der Problemfrage möglich sein sollte. In einer späteren Vertiefung müssen andere Aspekte einbezogen werden, so verweisen beispielsweise die Historikerkommentare auf die Quellenkritik.

Für die Überleitung zur eigentlichen Filmanalyse werden zentrale Gestaltungsmittel des Dokudramas (Musik, Historikerkommentare) aus den ersten Minuten der Folge zusammengetragen und die Wirkabsichten angesprochen, die mit dieser Inszenierung angestrebt werden. Die Erarbeitungsphase wird in einem ersten Schritt auf die Ermittlung weiterer Gestaltungsmittel mit ihren Wirkungen ausgerichtet, um dann die Plotstruktur zu entschlüsseln. Die Folgen beginnen jeweils mit der dramatischen Inszenierung eines Ereignisses, das als Höhe- und Wendepunkt einer Geschichte präsentiert wird. In diesem Fall werden die Ausführungen Lamperts von Hersfeld zu den Ereignissen in Canossa in einer Spielszene (Heinrich im Büßergewand vor der Burg im Schnee) dargestellt, um davon ausgehend zu einer politischen Herrschergeschichte im Spannungsfeld zwischen Reich und katholischer Kurie zu wechseln, die mit der Jugendzeit Heinrich IV. beginnt und gelegentliche Sequenzen einer Strukturgeschichte einblendet. Die Erzählung wird dann in einem pyramidalen, dramaähnlichen Aufbau gestaltet, um schließlich die Exkommunikation wirkmächtig ins Bild zu setzen (Gewitter) und als Wendepunkt hin zu Canossa zu inszenieren. Die Gestaltungsmittel lassen sich verschiedenen Funktionen von Gegenwartsbezug, über Dramatisierung und Emotionalisierung bis hin zu Authentizitätsbeweisen zuordnen.

In einer zweiten Stunde kann mit älteren Schülern die Hauptdeutung des Films zu Canossa als „Entzauberung der (deutschen) Welt“ (Stefan Weinfurter) und Demütigungsmetapher (in den Spielszenen visualisiert, aber vom Sprecher als ältere Deutung charakterisiert) mit der Interpretation von Johannes Fried „Kein Bußgang, sondern Friedensfest“ verglichen werden (vgl. Abb. 20).

Der Historiker Johannes Fried ordnete die Ereignisse von Canossa in einem Überblicksband zum Mittelalter aus dem Jahre 2008 wie folgt ein:

[…] Die folgenden Ereignisse sind freilich durch die einseitig antikönigliche […] konstruierte Überlieferung vielfach bis zur Unkenntlichkeit entstellt. Doch nicht der dem König feindseligen Propaganda-Version des 11. Jahrhunderts ist zu trauen, sondern jenen Zeugen, die aus nächster Nähe das Geschehen verfolgt hatten. Danach erkannte Heinrich schon im Sommer 1076 seinen Fehler. […]

Es wurde ein Weg gesucht, den ausgebrochenen Konflikt zu heilen. Auch Gregor war um Frieden bemüht, ohne freilich demselben die „Freiheit der Kirche“ zu opfern. Sein eigentlicher Gegner war ja nicht der deutsche König, vielmehr die kirchenferne Welt, die falschen Christen, die Feinde des Apostelfürsten und seiner Lehre, die Feinde der Gerechtigkeit.

Eine persönliche Begegnung des Papstes mit dem König ließ sich vereinbaren, zugleich die päpstliche Vermittlung in der Auseinandersetzung mit Heinrichs Gegnern im eigenen Reich vorbereiten. Diese erhofften eine weithin vernehmbare Verurteilung des Königs durch den herbeieilenden Papst und rüsteten bereits zur Neuwahl. […]

Der König scheute begreiflicherweise die zunächst mit den Fürsten verabredete Versammlung auf deutschem Boden, nämlich in Augsburg, im Zentrum der Macht seiner Feinde, und eilte ohne deren Kenntnis dem anreisenden Papst nach Italien entgegen.

In Canossa [...] trafen sich beide (1077). Die Begegnung war […] gut vorbereitet. Heinrich wurde nach dreitägiger symbolischer Buße vom Bann gelöst, Papst und König schlossen einen Vertrag, wonach letzterer die Gegner des Papstes […] nicht weiter unterstützte und Gregor ein Gleiches hinsichtlich der Feinde des Königs zusagte.

Anschließend wollte Heinrich den Papst über die Alpen zum Treffen mit den Fürsten geleiten; doch diesen letzten Erfolg vereitelten beider Gegner, die durch Gefangennahme päpstlicher Legaten und die Wahl Rudolfs von Rheinfelden zum Gegenkönig den eben geschlossenen Friedensvertrag hintertrieben. […]

Abb. 20: Eine andere Deutung von Canossa (aus: Johannes Fried (2008): Das Mittelalter. Geschichte und Kultur, München, S. 170 f.).

In einem weiteren Schritt lohnt es sich, die Deutung der (kirchen-) politischen Entwicklung in der zweiten Hälfte des 11. Jahrhunderts in der nationalen Meistererzählung des 19. Jahrhunderts aufzugreifen. Dies kann mit der Canossa-Medaille von 1872 eingeleitet (Abb. 21) und mithilfe von Schulbuchanalysen (Geschichtsschulbuch Kaiserreich) vertieft werden.[47]

DER KAISER IST HERR IM REICH UND MUSS ES BLEIBEN; unten: FÜRST VON BISMRACK

Dargestellt ist links der Papst mit einer Bulle, rechts die Germania mit Schwert und Bibel; unten: NICHT NACH CANOSSA

Abb. 21: „Canossa-Medaille" von 1872.

Jenseits dieser Erweiterungen sollte die Auseinandersetzung mit dem Dokudrama über kleine handlungsorientierte Arbeitsaufträge vertieft werden, die den Schülern helfen, sich gegen eine überwältigende Deutung zu wappnen. So können sie beispielsweise einen Expertenkommentar zur Quellenbasierung einzelner Spielszenen oder zur Canossa-Interpretation von Johannes Fried formulieren. Eine die Binnenreihe abschließende Aufgabe könnte darin bestehen, einen rezensierenden Kommentar zu dieser Folge für das Feuilleton einer Tageszeitung auszuarbeiten. Dafür müsste der Hintergrund der TV-Produktion noch mehr Berücksichtigung finden, die Themenwahl reflektiert und die Grundfragestellung in den zeitlichen Kontext kurz nach dem so genannten Sommermärchen von 2006 eingeordnet werden. Der Vorteil einer solchen Weiterführung läge also auch in der vertieften Auseinandersetzung mit der Geschichtskultur.

3.3.4 Probleme des historischen Vergleichs

Beispiele:

- Bildungsreformen damals (800 n.Chr.) und heute: Gleiche Maßnahmen – gleiche Ziele?
- Rom oder Athen: Welche Staatsform war demokratischer?

Unter dem historischen Vergleich „versteht man üblicherweise die systematische Gegenüberstellung von zwei oder mehreren historischen Einheiten (von Orten, Regionen, Nationen oder Zivilisationen, auch historischer Persönlichkeiten), um Gemeinsamkeiten und Unterschiede, Annäherungen und Auseinanderentwicklungen zu erforschen".[48] Der historische Vergleich war und ist in der Geschichtswissenschaft eine viel diskutierte, kritisch hinterfragte Methode. Für den Geschichtsunterricht ist die Thematisierung der Methode unerlässlich, weil der Umgang mit Geschichte im Alltag von bewussten und unbewussten Vergleichen geprägt ist. Zudem kann auch die Problemorientierung selbst Jugendliche bei einer zu naiven Erfassung des Regelkreises des Historischen Denkens zu ungeeigneten Heute/Damals-Äquivalenzen, d.h. zu *presentism*, verleiten (s. Kap. 3.1). Deshalb ist die aktive Auseinandersetzung mit dieser fachlichen Denkoperation wichtig, um Gelingensbedingungen besprechen zu können und Reflexionsmöglichkeiten bereitzustellen. An einem Unterrichtsbeispiel lässt sich dies verdeutlichen:

Bildung als Chance? – Die Bildungsreformen von 800 und 2000 im Vergleich

Die so genannte karolingische Renaissance und die Reformen nach PISA bieten sich an, um die Chancen, Risiken und Probleme eines diachronen Vergleichs zu besprechen. Verschiedene Maßnahmen (neue didaktische und methodische Prinzipien, neue Lehrwerke, Förderung von Lesen und Schreiben als Grundfertigkeiten, Förderung von Fremdsprachenkenntnissen etc.) deuten auf Vergleichsaspekte hin, während die Zielsetzungen und die konkrete Ausformung die Alterität in Bezug auf völlig unterschiedliche gesellschaftliche Vorstellungen, Mentalitäten und Strukturen aufzeigen.

Karolingische Renaissance	Vergleichsaspekte	Bildungsreform nach PISA
• Bessere Ausbildung der Lektoren des Reiches, d.h. der Vorleser und Vorsänger • Neue und verbesserte Sammlungen zu den Stundengebeten, Korrektur der Bibelausgaben • Ausbau der Klöster als Kulturzentren • Verbesserte Ausbildung in Rhetorik, Grammatik, im gedanklichen Ordnen und auch im kritischen Entscheiden usw. (vgl. Weinfurter 2015, S. 14ff.)	**Maßnahmen** → Neue Didaktik und Methodik → Neue Schulbücher → Förderung neuer Schulen → Förderung von Lesen und Schreiben → Verbesserung der sprachlichen Ausdrucksfähigkeit	• Ausdifferenzierung von Kompetenzen und ihren Niveaustufen für alle Fächer • Reform der Lehrerbildung • Neue Studiengänge • Neue Lehrpläne und Lehrwerke
• Göttlicher Schutz für das Reich durch geeigneten Gottesdienst • Sicherung von Frieden und Eintracht im Reich	**Kommunizierte Zielsetzungen** ⇔	• Kreative Problemlösefähigkeit als Zielsetzung • Individuelle Förderung und Sicherung von Bildungsgleichheit • Wirtschaftsorientierung
Alle, über: • Bischöfe, Klöster, Mönche, Nonnen, Weltgeistliche • Fürsten, Adlige, Grafen und Richter, • Pfarreien	**Adressaten** Alle, bzw. so viele, wie möglich	Alle, über: • Universitäten • Schulen • Fortbildungseinrichtungen • Medien
Ist dieser diachrone Vergleich sinnvoll und gewinnbringend? Was wird betont und gelernt, was wird vernachlässigt und nur mit der Brille der Gegenwart betrachtet? Wie sehr prägen verborgene Vergleiche mit der Gegenwart unser Bild von einer vergangenen Gesellschaft?		

Abb. 22: Bildungsreformen im Vergleich – eine vereinfachte Übersicht.

Die Reformen der Karolingerzeit waren auf eine „Vereindeutung von Lebensbereichen“, auf Normierung des Religiösen und Moralischen und der politischen Organisationen als Voraussetzung für ein richtiges und gerechtes Handeln ausgerichtet.[49] Demgegenüber stehen heute Begriffe von Pluralität, Entfaltungsfreiheit und Vielfalt, die wiederum unterschiedliche Ausprägung und Akzeptanz erfahren. Am Ende einer solchen Unterrichtseinheit, die zunächst gewisse Ähnlichkeiten und die großen Unterschiede herausarbeitet, sollten grundlegende Fragen zur Methode stehen: Betreiben wir bloße Selbstbestätigung durch den historisch-diachronen Vergleich? Verstehen wir fremde Gesellschaften besser, wenn wir Vergleichsaspekte finden? Ist es sinnvoll, Reformen in vergangenen Zeiten mit modernen Begrifflichkeiten zu benennen und damit eine Interpretationsrichtung vorzugeben? Welche Rolle spielt der Vergleich für unseren Erkenntnisweg? Diese abschließenden Fragestellungen können durch eine theoretische Anregung zum Konzept der *histoire croisée* vertieft werden. Dieses versucht methodisch auszudifferenzieren, wie der historische Vergleich durch „das fortwährende Hineindenken und Hineinversetzen in die andere Kultur und die fortwährende Überprüfung des Bildes von der eigenen Kultur" gelingen kann – ohne eine Selbstvergewisserung zu betreiben.[50] Für Schüler ist diese Reflexionsebene wichtig, da gerade die Problemorientierung mit ihrer besonderen Ausrichtung auf Gegenwartsbezüge dazu neigt, implizite Vergleiche zu fördern. Eine Bewusstmachung und Reflexion eines diachronen Vergleichs ist deshalb eine sinnvolle Vertiefungseinheit, insbesondere innerhalb eines epochalen Schwerpunktes, der mit dem Mittelalter eine Epoche aufgreift, die Rückständigkeit als geschichtskulturelles Label in sich trägt. Für die Schüler und Schülerinnen sollte deutlich werden, dass ein Vergleich nur dann Fremdverstehen ermöglicht, wenn er in metakognitive Strategien eingebettet wird.

3.3.5 Probleme der Begriffe und der Sprache

Die kognitive Funktion von Sprache spielt im Fach Geschichte eine wichtige, wenn nicht sogar entscheidende Rolle (vgl. Grannemann et al. 2018, S. 7 ff.). Sprache und Begriffe formen und konstituieren Vorstellungen von Geschichte und von Politik.[51] Die Problematisierung soll die Schüler herausfordern, sich intensiv mit der Wirkungsmacht von Sprache auseinanderzusetzen. Aus einer Fülle von möglichen Beispielen wird im Folgenden die Sprachlenkung im Nationalsozialismus ausgewählt, um die Zielsetzungen zu erklären, die im Hinblick auf ein reflektiertes Geschichtsbewusstsein mit diesem Problemtypus angestrebt werden. Die Problemstellung ‚Sprache als politisches Instrument oder als Gedankenlenkung?' kann eine vertiefte Beschäftigung anregen, indem Beispiele auf verschiedenen Ebenen der Sprachlenkung besprochen und in ihrer Wirkung erarbeitet werden.

Wieviel Macht hat Sprache? Das Beispiel der Sprachlenkung im Nationalsozialismus

Der Einstieg erfolgt etwa über ein Zitat: „Worte können sein wie winzige Arsendosen: sie werden unbewusst verschluckt, sie scheinen keine Wirkung zu tun, und nach einiger Zeit ist die Giftwirkung doch da" (Klemperer 1947, LTI 21). So lassen sich erste Gedanken zur Wirkmacht von Sprache entwickeln, bevor zum historischen Thema übergeleitet wird. Dies kann etwa mit einem Auszug aus einer Presseerklärung von Goebels (15.3.1933) erfolgen: „Das Volk soll anfangen, einheitlich zu denken, einheitlich zu reagieren [...]".[52] In der Erarbeitungsphase beschäftigen sich die Schüler mit weiteren Presseanweisungen, z.B.: „Die Formulierungen *katholisches Volk*, *Kirchenvolk*, *evangelisches Volk* sind unbedingt zu vermeiden. Es gibt nur ein deutsches Volk.")[53] Es genügen schon einige Auszüge, um eine Auseinandersetzung anzuregen über Ein- und Ausgrenzung sowie über die psychologischen Mechanismen, die sich über eine Vorstellung einer „Volksgemeinschaft als Versprechen von Inklusion" (Wildt 2014) entwickelten. Eine Sprachregelung vom 18. Juli 1937 eignet sich zur weiteren Vertiefung, wenn beispielsweise Zeitungsartikel auf die Umsetzung hin überprüft werden: „Propaganda ist im Sinne des neuen Staates gewissermaßen ein gesetzlich geschützter Begriff geworden und soll nicht für abfällige Dinge Verwendung finden. Es gibt also keine ‚Greuelpropaganda', keine ‚bolschewistische Propaganda', sondern nur eine Greuelhetze, Greuelagitation, Greuelkampagne usw. Kurzum – Propaganda nur dann, wenn für uns, Hetze, wenn gegen uns." Die weitere Analyse kann sich auf Schulgeschichtsbücher aus der Zeit des Nationalsozialismus beziehen, um die semantischen Zuspitzungen herauszuarbeiten.[54] Die für junge Schüler gedachten Texte in den Lehrwerken präfigurieren einfache, dichotome Weltsichten, die eine Vorstellung „Volksgemeinschaft" zu schaffen suchen, indem Inklusion und Exklusion durch stereotype Wiederholungen zum grundlegenden Paradigma werden. So können grundsätzliche Überlegungen angeregt werden, wie sich eigentlich das Verhältnis von Sprache und Wirklichkeitsbezug gestaltet und welche Konsequenzen dies für das je eigene Sprachhandeln haben sollte.[55] In diesen Unterrichtssequenzen bieten sich Aktualisierungen an, die sich etwa mit den Bezeichnungen und Zuschreibungen als „Volksverräter" oder „Lügenpresse" auseinandersetzen. Diese Begriffe wurden 2014 bzw. 2016 zum „Unwort des Jahres" gewählt mit der Begründung, „dass ein solcher Sprachgebrauch das ernsthafte Gespräch und damit die für die Demokratie notwendigen Diskussionen in der Gesellschaft abwürgt". Diese Bewusstmachung führt keineswegs dazu, dass die Begriffe aus öffentlichen Debatten verschwinden. Insofern dürften sich eine Erarbeitung der historischen Dimension sowie eine Auseinandersetzung mit den Zuschreibungen lohnen, um Schüler und Schülerinnen für Sprache zu sensibilisieren.

Gerade im Hinblick auf Sprache wären noch zahlreiche Beispiele und mögliche Problematisierungen zu nennen. Dies gilt für die gesamte Problemkategorie, die viele weitere Aspekte umfassen sollte, die hier nicht ausgeführt werden können. Zu kurz kommt in den Beispielen etwa die Heuristik mit jenen Kriterien, die Rüsen mit Erschließung bekannter und neuer Quellen, mit der Unterscheidung von Tradition und Überrest benennt (Rüsen 2013, S. 189). Ferner kommt auch die Methode der Kritik zu kurz. Die „Gewinnung überprüfbarer Informationen über das Geschehen in der Vergangenheit aus den Dokumentationen der Gegenwart" sollte als historische Methode ins Zentrum der Problematisierung und Reflexion gerückt werden. Im letzten Punkt enthalten ist beispielsweise die für einen modernen Geschichtsunterricht unverzichtbare intensive Auseinandersetzung mit Informationsrecherchen im Internet. Die systematische Erschließung in problemorientierten Lernumgebungen zielt auf die Erweiterung epistemischer Basiskonzepte und beinhaltet neue Methoden, die im Geschichtsunterricht gefördert werden müssen. Beispiel ist das von Sam Wineburg und Sarah McGrew betonte *lateral reading* (Wineburg/McGrew 2018).

3.4 Forschungsprobleme – Probleme der geschichtswissenschaftlichen Dimension

Beispiele:

- Hitlers willige Vollstrecker? Die Goldhagen-Debatte in Deutschland
- Der Historikerstreit der 80er-Jahre: Revisionistische Geschichtsbilder?
- Der Erste Weltkrieg und die Kriegsschuldfrage: Griff nach der Weltmacht, Schlafwandler oder andere Erklärungen?
- Die „Volksgemeinschaft" als „Terror und Traum"? (Norbert Frei)[56]

Die Forschungsprobleme stellen eine besondere Kategorie in dieser Systematik dar. Sie werden in den Unterricht übernommen und nicht mit den Schülern gemeinsam entwickelt. Die Schüler und Schülerinnen müssen bereits über eine gewisse Grunderfahrung im historischen Lernen verfügen, um die Signifikanz dieser Problemstellungen erkennen zu können, die vor allem die Dekonstruktion von wissenschaftlichen Positionen (z.B. diverse Historikerstreite) und den Transfer einer Fragestellung aus der Wissenschaft auf ein eigenes Untersuchungsfeld anbahnen.

Beispiele für diese Kategorie haben zum Teil einen festen Platz in den Lehrplänen gefunden: Der Historikerstreit der 80er Jahre oder die Goldhagen-Debatte werden in einigen Oberstufenlehrplänen explizit als Themen benannt. Dieser Problemtyp kann als Vertiefungsstunde gegen Ende einer Reihe eingeplant werden und so noch einmal eine besondere Deutungsfrage und die Kontroversität behandeln. Die Schüler sollen erstens erkennen, dass auch Historiker in ihre Zeit eingebunden sind und ihre Geschichtserzählung aus dieser Retrospektive heraus gestalten. Zweitens sollen mit diesen Themen auch die Entwicklungen und Veränderungen in der Disziplin der Geschichtswissenschaft und den Fachdebatten über den historischen Erkenntnisweg Beachtung finden. Die Stunden sind also auch darauf ausgerichtet, erste Einblicke in die unterschiedlichen Fragestellungen der historischen Schulen und Fachtheorien zu eröffnen (z.B. ‚Die Französische Revolution im Historikerurteil – Wiege der Moderne?'). Insofern reichen sie in der Zielsetzung über die ‚Probleme des historischen Urteilens' hinaus.

Forschungsprobleme können auch Binnenreihen überspannen, wenn die Schüler bereits eine gute fachliche Grundlage erworben haben. So lässt sich beispielsweise nach der Beschäftigung mit der Zeit des Nationalsozialismus in einem allgemeinen Zugriff eine regionalgeschichtliche Sequenz anschließen, indem eine wissenschaftliche Fragestellung anhand eigener Quellenrecherchen untersucht wird:

Die Zeit des Nationalsozialismus in xy: Die Vorstellung von der „Volksgemeinschaft" als Legitimierungsvorschub?

In der einführenden Stunde wird die Fragestellung mit dem historischen Begriffskonzept erschlossen. Es geht in dem Beispiel um einen Forschungsansatz, der die „Volksgemeinschaft" als Chiffre in ihrer Wirkungsmacht und als „soziale Praxis" hinterfragt.[57] Es geht also um die „Praktiken ihrer Herstellung, ihrer Verheißungskraft mit der Vielfältigkeit [darauf bezogener] Handlungsweisen, von Mit-Tun wie Sich-Abwenden,

Bereitwilligkeit wie Widerwille, Anpassungsbereitschaft wie Begeisterung [...]"[58]. Anhand von Themenaspekten zur Jugend, zu Schulunterricht, Anpassung und Widerstand, Kirche oder Justiz können diese Fragekomplexe immer wieder aufgenommen und aus regionaler Perspektive diskutiert werden.

4. Methodische Aspekte der Unterrichtsplanung und -gestaltung

In den folgenden Abschnitten werden einzelne Aspekte zur Gestaltung der Fachkommunikation und der Aufgabenkultur vertieft. Eine vollständige Erfassung der komplexen Felder kann an dieser Stelle nicht geleistet werden. Es werden lediglich zentrale Punkte herausgegriffen, die Grundlage für einen problemorientierten Geschichtsunterricht sind.

4.1 Schülerfragen als Grundlage

„Questioning functions as a kind of ‚engine' for the construction of historical interpretations." (Logtenberg et al. 2011, S. 180)

Die Bedeutung des Fragens, die Logtenberg ausweist, gilt auch für das Erkenntnisverfahren im problemorientierten Geschichtsunterricht. Ohne Fragen an die Geschichte ist keine aktive Auseinandersetzung mit Geschichte möglich.

Nun wird jede Geschichtslehrerin und jeder Geschichtslehrer die Beobachtung machen, dass Schüler meist nur kleine W-Fragen stellen, z.B. nach dem Ablauf oder der zeitlichen Einordnung eines Ereignisses. Diese Fragen spiegeln die Überzeugung der Jugendlichen, dass es einen Wissenskanon gibt, den sie erlernen sollen. Die Entwicklung einer Fragekompetenz ist also an die Veränderung der epistemologischen Überzeugungen gebunden. Dies kann nur geleistet werden, wenn auch die Schüler erkennen können, dass ihre Fragen der „Motor" der Erkenntnis sind.

Deshalb ist es wichtig, Schüler und Schülerinnen zu eigenen Fragen anzuregen (oder anzuleiten) und diese in den Unterrichtsaufbau zu integrieren. Die Unterrichtsplanung in Reihen lädt dazu ein, eine entsprechende Vorphase und Auftaktstunde zu „Fragen an die Geschichte" (Heinz Dieter Schmid) zu gestalten. Beispielsweise kann der Vergleich zweier Geschichtskarten (Europa um 1750 und um 1900) eine solche Phase zu Beginn einer Lernepisode zum 19. Jahrhundert stützen. Erzählende, dramatisierende Quellen, die einen Blick in die Vergangenheit zu eröffnen scheinen, sind aufgrund dieses illustrativen Charakters noch besser geeignet. Die Erzählung Lamperts von Hersfeld über die Beschwerlichkeit der Reise und die Ereignisse in Canossa bietet als Auftakt zu einer Reihe, die sich mit Herrschaft und Kirche im Mittelalter beschäftigt, viele Anknüpfungspunkte, obwohl die Schüler zu diesem Zeitpunkt noch keine Vorkenntnisse haben. Die Schüler notieren ihre Fragen, diese werden gesammelt und geclustert. Im Idealfall können die Vorschläge für die Gliederung der Reihe genutzt und die Schülerfragen zu Problemstellungen weiterentwickelt werden.

Das kostet Zeit, erhöht aber die Motivation für den arbeitsreichen Erkenntnisprozess und vertieft die Auseinandersetzung mit der Problemstellung. Dies konnte Carla van Boxtel durch eine empirischen Studie bestätigen: Sie sammelte zu Beginn einer Reihe zur 68er-Bewegung Schülerfragen in einem Brainstorming und entwickelte gemeinsam mit den Schülern ein Fragencluster zu Veränderungen im Verhalten von holländischen Jugendlichen bis hin zur Konturierung der Problemfrage ‚Waren die Veränderungen revolutionär?' Diese gemeinsam gefundene Problemstellung beförderte die Intensität, mit der sich die Schüler der Sachanalyse und der Erarbeitung eines triftigen Sachurteils zuwandten. Die Lernerbeteiligung war durchgehend breiter und intensiver als in Vergleichsgruppen, die nicht so intensiv an der Entwicklung der Fragestellung beteiligt waren (van Boxtel et al. 2013, S. 49).

Es lohnt sich folglich, die W-Fragen, die Schüler an die Vergangenheit stellen, durch geeignete Impulse und Materialien zu Problemen weiterzuentwickeln und aus einer Frage, die nur auf eine historische Aufklärung ausgerichtet ist, ein Problem der historischen Orientierung zu machen. Auf Dauer können so Fragen in unterschiedlichen Kategorien entstehen, die letztendlich eine Frage- oder Wahrnehmungskompetenz grundlegen (Abb. 23).

<table>
<tr>
<td>Problemstellungen aus der Gegenwart
(vgl. Gautschi 2014, S. 171)
⇩</td>
<td>Individuum
• Wie bin ich zu dem geworden, was ich bin?
• Welche Veränderungen haben mein Leben geprägt – evtl. schon weit vor meiner Zeit?
• Haben Menschen in ähnlichen Situationen in der Vergangenheit anders gedacht, gehandelt?</td>
<td>Gesellschaft(en)
• Wie ist die Gesellschaft geworden?
• Hat das Thema eine Bedeutung in diesem Werden?
• Wie ist eine andere, eine vergangene Gesellschaft mit einem ähnlichen Problem umgegangen?
• Wie wird das Problem erinnert und erzählt?</td>
</tr>
<tr>
<td rowspan="2">Historische Fragen an die Vergangenheit
(in Anlehnung an Logtenberg 2011, S. 181)
+</td>
<td>Einbindung in den Kontext
• Wann? Was? Wo? Was war charakteristisch?
• Akteure/Mitakteure, Handlungsspielräume, Motive und Entscheidungen?
• Strukturen, Werte und Normen, Mentalitäten?</td>
<td>Kontinuität und Wandel
• Was veränderte sich?
• Was blieb gleich?
• Trat die Veränderung schnell, langsam oder plötzlich ein?
• Wer und was hat Veränderungen angestoßen, wer hat sie verhindert?</td>
</tr>
<tr>
<td>Vergleich und Beurteilung
• War dies ein einzigartiges Ereignis? Gab es Vergleichbares?
• Wie signifikant war das Ereignis – damals und heute?</td>
<td>Kausalität
• Was waren die Ursachen, die langfristigen, kurzfristigen Einflüsse?
• Was waren die Folgen (langfristig – kurzfristig)?</td>
</tr>
<tr>
<td rowspan="2">Methodische Fragen
⇩</td>
<td>Heuristik
• Welche Quellen und Darstellungen eignen sich zur Problemlösung?
• Welche Quellen gibt es überhaupt?
• Wo kann man Quellen finden?
• Wie organisiere ich die Erarbeitung?</td>
<td>Erschließung/Interpretation
• z.B.: Was erzählt die Quelle? Wer ist der Autor, wer der Adressat? Welche Botschaft wollte der Autor an den Adressaten senden? u.v.a.
• Welche zeitlichen Kontexte werden deutlich? Wie unterscheiden sich andere Erzählungen? u.v.a.</td>
</tr>
<tr>
<td colspan="2">Darstellung/Narrativität
• u.a. Welches Genre wähle ich? An wen richte ich meine Überlegungen? Wie kann ich meine historische Argumentation nachvollziehbar, plausibel und valide gestalten?
• Ist eine andere historische Narration triftig? Welche Sach- und Werturteile sind enthalten, sind die Urteilskriterien transparent?</td>
</tr>
<tr>
<td>Historische Orientierung für die Zukunft</td>
<td colspan="2">• Was will ich?
• Wohin sollen wir gehen?
• Wie wollen wir uns erinnern?
• Kann die Beschäftigung mit Geschichte eine neue Perspektive auf die gegenwärtige Gesellschaft und ihre Probleme eröffnen?</td>
</tr>
</table>

Abb. 23: Fragen an die Geschichte (in Auswahl).

Fragesequenzen können an verschiedenen Stellen im Unterrichtsverlauf eingebettet werden, sodass sie sich mal auf die Quellengattung, mal auf die Kontextualisierung, auf Ursachen und Konsequenzen oder auf Kontinuität, Zäsur oder Wandel ausrichten. Gerade der zuletzt genannte Aspekt benötigt Historizitätsbewusstsein. Für Veränderungen können sich Jugendliche erst interessieren, wenn sie die „Zeitdimensionen von Vergangenheit, Gegenwart und Zukunft ... miteinander in Verbindung" bringen (Wenzl et al. 2005, S. 59). Solche Fragen greifen weit über die schnell vorgebrachten W-Fragen hinaus, sie sind die Grundlagen eines eigenständigen Erkenntnisprozesses. Insofern lohnen sich die zeitlichen Investitionen, die diese Sequenzen im Unterricht erfordern.

4.2 Aufgabenstellungen und Lernarrangements

Impulse, Arbeitsaufträge und Lernaufgaben sind Möglichkeiten für die Lehrkraft, den Lernprozess der Schüler zu lenken. Diese Steuerung erfolgt über die mündliche Fachkommunikation im Unterricht und über schriftliche, meist in der Planung vorkonzipierte Aufgabenstellungen. Ausgangspunkt ist stets die problemorientierte Lernumgebung, die den Schülern und Schülerinnen ein aktives Lernen aufbauend auf bereits erworbenem Vorwissen und Fachkonzepten erlauben soll. Lernaufgaben sind demnach ein wichtiges, sehr variables Grundmuster von Unterricht, das inhaltlich auf den Aspekt der kognitiven Aktivierung ausgerichtet ist. Der „Planung aufgabenbasierter komplexer Lernwege" (von Borries 2012, S. 196) kommt große Bedeutung zu. Wenn der problemorientierte bzw. -basierte Geschichtsunterricht wirklich als ein Gitter gedacht werden soll, um innerhalb des Lehrgangs Geschichte in Mittel- und Oberstufe Jugendliche dazu zu befähigen, selbst Geschichte zu betreiben, d.i. den historischen Denkprozess für die Erkundung eines neuen Themas selbst erschließen und klug anwenden zu können, dann muss auch die Aufgabenstellung entsprechend ausgeweitet werden. Die empirische Unterrichtsforschung zum *inquiry-based learning* zeigt an einigen Beispielen auf, dass zwar Quellenarbeit in europäischen Klassenzimmern weit verbreitet ist (Borries 2000), diese aber häufig mit einer zu großen Simplifizierung einhergeht, wenn der Lehrer die Schüler selbst in höheren Klassenstufen bei der Bearbeitung je einer einzelnen Quelle eng anleitet (De Wever et al. 2011; Voet 2016–17). Die weiteren kognitiven Prozesse, die bei der Auseinandersetzung mit einer forschenden Frage zu leisten sind, können von den Schülern dann nicht geübt oder erfasst werden, der Lehrer vollzieht sie quasi durch die Lenkung der Aufgabenstellung allein. Die Schüler beantworten nur Fragen, lösen aber keine Probleme und können dementsprechend auch nur eingeschränkt historische Kompetenz entwickeln. Im Folgenden wird deshalb in drei verschiedene Aufgabengestaltungen bzw. Lernarrangements unterschieden, die unterschiedliche Anforderungen an eigenständiges historisches Arbeiten markieren. Diese drei Formen sollten in einer langfristigen Unterrichtsplanung sinnvoll kombiniert werden, um immer wieder und mit Blick auf die höheren Klassen der Mittelstufe oder gar auf die Oberstufe zunehmend die Eigenständigkeit des Problemlösens im Fach Geschichte zu fördern.

4.2.1 Arbeitsaufträge

Arbeitsaufträge beziehen sich auf die Medien des historischen Lernens und regen die geeigneten Denkprozesse an. Sie werden mithilfe von Operatoren formuliert. Darunter versteht man „handlungsinitiierende Verben, die signalisieren, welche Tätigkeiten beim Lösen von Prüfungsaufgaben erwartet“ werden (EPA Geschichte, S. 7). Die Operatoren sind erst für Abiturprüfungen verbindlich. Sie erweisen sich dennoch auch im Unterricht der Mittelstufe als eine unerlässliche Grundlage für eine gelingende Fachkommunikation, weil sie den historischen Denkprozess aufschlüsseln und so eine gemeinsame Sprache für ein *doing history* schaffen.

Die Operatoren fordern im Anforderungsbereich I dazu auf, eine Sachaussage zu treffen, ohne schon ein Urteil oder eine

Wertung einzubetten (*nenne, zähle auf, skizziere*). Im Anforderungsbereich II geht es um die Einordnung in den historischen Kontext und das Verstehen historischer Perspektiven (*erkläre, erläutere, ordne ein, arbeite heraus*). Im Mittelpunkt stehen Erklärungen, die Ursachen- und Wirkungsgeflechte aufzeigen und von Entwicklungen, Stagnationen, Höhe- und Wendepunkte auf der Basis der Materialien und der zu erschließenden Kontexte erzählen. Der Anforderungsbereich III beschäftigt sich mit dem historischen Urteilen (*bewerten, Stellung nehmen*). Indem nun auch das Werturteil einbezogen wird, geht es um die Abgrenzung zwischen Werten und Normen damals und heute sowie um plausible, überprüfbare und reflexive Urteile.[59] Die Aufgabenstellungen sollen Rekonstruktion, Dekonstruktion und eigene Konstruktion gleichermaßen einbeziehen.

Anforderungsbereich I (Reproduktion)	
nennen, aufzählen	zielgerichtet Informationen zusammentragen, ohne diese zu kommentieren
bezeichnen, schildern, skizzieren	historische Sachverhalte, Probleme oder Aussagen erkennen und zutreffend formulieren
Weitere Operatoren: aufzeigen, beschreiben, zusammenfassen, wiedergeben	
Anforderungsbereich II (Reorganisation und Transfer)	
analysieren, untersuchen	Materialien oder historische Sachverhalte kriterienorientiert bzw. aspektgeleitet erschließen
einordnen	einen oder mehrere historische Sachverhalte in einen historischen Zusammenhang stellen
erklären	historische Sachverhalte durch Wissen und Einsichten in einen Zusammenhang (Theorie, Modell, Regel, Gesetz, Funktionszusammenhang) einordnen und begründen
Weitere Operatoren: erläutern, herausarbeiten, gegenüberstellen, widerlegen	
Anforderungsbereich III (Reflexion und Problemlösung)	
beurteilen	den Stellenwert historischer Sachverhalte in einem Zusammenhang bestimmen, um ohne persönlichen Wertebezug zu einem begründeten Sachurteil zu gelangen

bewerten, Stellung nehmen	wie Operator „beurteilen", aber zusätzlich mit Offenlegen und Begründen eigener Wertmaßstäbe, die Pluralität einschließen und zu einem Werturteil führen, das auf den Wertevorstellungen des Grundgesetzes basiert
Weitere Operatoren: entwickeln, sich auseinandersetzen, diskutieren, prüfen, überprüfen, vergleichen	
Übergeordnete Operatoren, die Leistungen in allen drei Anforderungsbereichen verlangen:	
darstellen	historische Entwicklungszusammenhänge und Zustände mithilfe von Quellenkenntnissen und Deutungen beschreiben, erklären und beurteilen
Weitere Operatoren: erörtern, interpretieren	

Abb. 24: Operatoren als „handlungsinitiierende Verben" – einige Beispiele (aus: Einheitliche Prüfungsanforderungen in der Abiturprüfung Geschichte; Beschluss der Kultusministerkonferenz i.d.F. vom 10.2.2005).[60]

Die Formulierung von Arbeitsaufträgen für die Erschließung und Interpretation von Quellen und Darstellungen ist auch ein Instrument der sinnvollen Steuerung von Lernprozessen. Die selbständige Schülererarbeitung kann etwa bis zum Sachurteil geführt werden, um vor der Weiterführung die Ergebnisse gemeinsam abzusichern. Ein vorschnelles und oberflächliches Urteilen kann dann eventuell verhindert werden. Das folgende Beispiel bildet die Konzeption einer Erarbeitungsphase ab, wie sie häufig im problemorientierten Geschichtsunterricht zu beobachten ist.

Beispiel

Die Wahlrechtsdebatte in der Paulskirche – Gleiches Wahlrecht für alle?

Die politische Kultur der Revolution von 1848/49 wird im Unterricht der Mittelstufe meist an einer der großen Debatten in der Paulskirche besprochen. An dieser Stelle wurde die Wahlrechtsdebatte ausgewählt, weil sie das Grundproblem der Partizipationsberechtigungen aufgreift. Die Arbeitsaufträge sollen eine Erschließung der politischen Rede als Quellengattung anbahnen, deshalb wird die Diskrepanz zwischen der schriftlichen Überlieferung und der Authentizität einer Rede im letzten Arbeitsauftrag angesprochen.

M1

Der Arzt Wilhelm Löwe wird dem Nürnberger Hof zugerechnet. Er war Vizepräsident der Nationalversammlung und reagierte mit seiner Rede auf den Entwurf des Verfassungsausschusses, der das Wahlrecht auf alle selbstständigen und unbescholtenen Männer ab 25 beschränken wollte. Dienstboten, Handwerksgehilfen, Fabrikarbeiter, Tagelöhner sowie jene, die unter Vormundschaften standen, Konkurs angemeldet hatten und Armenunterstützung bezogen, sollten dieses Wahlrecht nicht erhalten. Die Reden in der Paulskirche wurden in einer Schnellschrift festgehalten und noch 1849 veröffentlicht. In den Protokollen wurden auch Zwischenrufe der Abgeordneten in Klammern vermerkt.

Es hat im März 1848 kein Zweifel geherrscht, was für ein Wahlgesetz wir annehmen wollten. Niemand hat darüber debattiert, das allgemeine Wahlrecht war eine Tatsache, die niemand angefochten hat. [...] Die eigenste Fahne der Französischen Revolution ist die Gleichheit gewesen, nicht die Freiheit allein. […] Unsere Erhebung ist keine politische allein gewesen, sondern eine soziale. Sie können nicht erwarten, dass das Volk mit ruhiger Resignation zusieht, dass die Regierung in den Händen einer abgeschlossenen Kaste liegt. […]

Die in der Vorlage erfolgte Ausschließung der Arbeiterklasse vom Wahlrecht ist auch in national-ökonomischer Beziehung schmerzlich. In die soziale Bewegung wird Gift gestreut mit zwei Worten. Diese Worte sind: Kapital und Arbeit. Sie würden mit der Vorlage diesen feindlichen Gegensatz zwischen Kapital und Arbeit legalisieren, diesem Kampf zwischen Capital und Arbeit einen neuen Giftstoff zuführen. Dabei sollten wir uns unbedingt bemühen, dem Kampf seine Erbitterung zu nehmen und Versöhnung herbeizuführen (Zuruf von der Linken: Sehr wahr!). Man spricht viel von Amerika. In Amerika ist die Arbeit heilig, die Arbeit ist eine Ehre.

Meine Herren! Sie machen die Arbeit zur Schande (auf der Linken: Bravo und Beifall), die Arbeit, von der die ganze Zukunft unseres Vaterlandes abhängen soll. Sie wissen alle, dass ein Volk nur durch Arbeit reich wird. Es ist das unser Unglück, dass wir uns immer noch zu sehr in Stände abgrenzen. […]

In Amerika fürchtet niemand, durch die Verrichtung irgendeiner Arbeit seiner Ehre zu nahe zu treten. Das ist unzweifelhaft eine der hauptsächlichsten Quellen des Wohlstandes.

Bedenken Sie: Diese Klasse [d.h. die Arbeiter] hat das Versammlungsrecht, sie wird ein Staat im Staate, und dieser Staat im Staate wird Ihnen sehr gefährlich werden.

Die Regierungen der modernen Staaten sollen Majoritätsregierungen sein, und eine Regierung getragen von einer Vertretung, bei der ein beträchtlicher Teil des Volkes nicht beteiligt ist, kann immer nur eine Minoritätsregierung sein.

Aus: Franz Wigard (Hg.): Stenographischer Bericht über die Verhandlungen der deutschen constituierenden Nationalversammlung zu Frankfurt/M., 7. Bd., Frankfurt 1949, S. 5243-5245 (gekürzt und vereinfacht).

1. Fasse die Position des Abgeordneten im Hinblick auf das Wahlrecht zusammen.
2. Arbeite die Argumentationsstruktur und die sprachliche Gestaltung der Rede heraus.
3. Erkläre zusammenfassend, wie Löwe seine Zuhörer überzeugen wollte. Beziehe dazu auch die politische Verortung Löwes im Meinungsspektrum 1848/49 ein (vgl. Buch).
4. Überlegt, wie Löwe die Rede vorgetragen haben könnte, um eine hohe Überzeugungskraft zu erreichen. (Probiert es doch einfach selbst aus.)

Abb. 25: Die Debatte um das Wahlrecht in der Paulskirche: Die Rede des Abgeordneten Löwe.

Das Arbeitsblatt (Abb. 25) ist ein Beispiel für eine enge Lenkung der Quellenerschließung über Operatoren, die aber nicht jeden Schritt vorgeben, sondern voraussetzen, dass bereits prozedurales Wissen vorhanden ist und angewendet werden kann. Dies ist eine sinnvolle Hilfestellung, um in der Auswertung eine gemeinsame Grundlage für die Vertiefung (vgl. Vorschlag Abb. 26) zu schaffen. Dazu gehört neben der materialbasierten Erschließung die Einordnung der Position in das Meinungsspektrum in und außerhalb der Paulskirche sowie in die politischen und gesellschaftlichen Kontexte jener Zeit. Die Erarbeitung der Position von Hermann von Beckerath (Casino) fördert das Verständnis für die Fremdheit der Paulskirchendebatte und die historischen Zusammenhänge.

M2

Der Abgeordnete Hermann von Beckerath reagierte direkt auf die Rede Löwes und vertrat eine andere Position:

Meine Herren! [...] Wir können es nicht verkennen, und wir müssen es beklagen, dass in unserem Vaterlande, doch noch ein großer Teil der Bevölkerung nur die äußerste Notdurft des Lebens befriedigen kann und der Blick nicht über dieses Ziel hinausreicht. Der geringste Grad von Einsicht in politische Dinge ist nicht anzutreffen. Die Klassen, die nun urplötzlich durch das allgemeine Wahlrecht in die Lage kämen, eine so wichtige Entscheidung zu treffen, werden entweder das blinde Werkzeug anderer, die sie zu ihren Zwecken missbrauchen, oder sie verfallen irgendeinem anderen Irrtum und gefährden das Wohl des Staates. Dann ist die Freiheit in Gefahr. Das Bedürfnis der Ordnung im Staate ist so dringend und mächtig, dass wenn keine Ordnung mit der Freiheit möglich ist, man die Freiheit fahren lässt und nach der Ordnung greift. Dann wird die Regierungsform des Absolutismus wieder neue Kraft erlangen. Der Staat muss erst durch Schulen und andere Bildungsangebote die entsprechende Einsicht und Befähigung in immer weiteren Kreisen des Volkes verbreiten. [...]

Aus: Franz Wigard (Hg.): Stenographischer Bericht über die Verhandlungen der deutschen constituierenden Nationalversammlung zu Frankfurt/M., 7. Bd., Frankfurt 1949, S. 5248-5249 (gekürzt und vereinfacht).

Abb. 26: Weiterführung: Die Rede des Abgeordneten Hermann von Beckerath.

Die Rezeption und Deutung der Französischen Revolution, die Bildungsfrage, die soziale Lage werden als zeitgenössische Reflexionsfolie in den Debatten von 1848/49 deutlich. Die Auswahl einer Rede Beckeraths ist gleichzeitig keine unproblematische Entscheidung, da sicher zu überlegen ist, inwieweit die Strömungen des rheinischen Liberalismus mit seinen besonderen Perspektiven in einer Mittelstufenklasse überhaupt diskutiert werden können und sollen. Auch die Verortung Beckeraths im Geschehen von 1848/49 ist diffizil, vertrat er doch grundsätzlich eine „geordnete Modernisierungspolitik" (konstitutionelle Monarchie, Zensuswahlrecht) und lehnte den revolutionären Charakter der Bewegung von 1848/49 ab, bekleidete aber als Reichsfinanzminister eine wichtige Position in der provisorischen Zentralgewalt.[61] Eine Auseinandersetzung mit seiner Position 1848/49 kann in unterschiedlicher Intensität in der Klasse erfolgen und somit Baustein einer geeigneten Binnendifferenzierung sein. Gleiches trifft selbstverständlich auf Löwe und andere Abgeordnete zu, deren Reden ausgewählt werden. Aber selbst bei einer nur oberflächlichen Verortung im Spektrum der jeweiligen „Fraktion" dürfte sich ein tieferes Verständnis für eine Wahlrechtsdiskussion in den Zusammenhängen des 19. Jahrhunderts anbahnen lassen.

Erst auf dieser Grundlage sollte eine Weiterführung zur eigenen Bewertung vor dem Hintergrund der heutigen Grundwerte erfolgen. An dieser Stelle kann, wenn das für die Lerngruppe eine kluge Entscheidung ist, auch eine Aktualisierung angebunden werden. Gesellschaftlich „heiße" Debatten um eine Ausweitung des Wahlrechts (z.B. durch ein Herabsetzen der Altersgrenze) können einbezogen werden, um zu fragen, inwiefern die vertiefte Auseinandersetzung mit dem 19. Jahrhundert dazu beiträgt, eine fundierte Position in heutigen Fragen nach Partizipationsmöglichkeiten zu entwickeln.

Eine so strukturierte Unterrichtseinheit ist eine wichtige Säule in der Anbahnung historischer Kompetenzen. Sie hat eine klar definierte Funktion, indem sie die sorgfältige Quellenarbeit als Kern der historischen Erkenntnis betont und anleitet. Ein guter Geschichtsunterricht benötigt noch weitere Säulen, wenn er auf eine kreative domänenspezifische Problemlösefähigkeit ausgerichtet sein soll. Die Arbeitsaufträge sind (indirekte) Lehrerlenkungen, die im Alltagsleben nicht existieren, wenn sich ein historisches Problem stellt. Deshalb sind freiere Lernaufgaben unverzichtbar, die als weiterer Schritt zum selbstständigen und fachbezogenen Problemlösen verstanden werden sollen.

4.2.2 Lernaufgaben im problembasierten Geschichtsunterricht

Eine Lernaufgabe ist umfassender konzipiert als ein Arbeitsauftrag oder eine Serie von Arbeitsaufträgen. Sie fußt vor allem auf dem Gedanken, eine an einem Problem ausgerichtete Lernumgebung zu bieten, die den Regelkreis des historischen Denkens durch ihre Formulierung und Ausrichtung anregt und gleichzeitig den Schülern und Schülerinnen eine größere Eigenständigkeit in der Lösung zugesteht. Der Lösungsprozess wird weniger vorgezeichnet und kann demzufolge von den Schülern freier und kreativer gestaltet werden. Grundlage sind vor allem diverse (möglichst authentische) Materialien, nicht einzelne Quellen mit dazu passenden Fragestellungen. Die Schüler werden durch die Aufgabenstellung zum Vergleichen, Kontextualisieren und Diskutieren mehrerer und vielfältiger Materialien angehalten. Sie sollen ihr vorher erworbenes prozedurales Wissen auf die neue Situation anwenden und flexibel anpassen.

Eine Lernaufgabe zu den politischen Debatten in der Paulskirche

Das oben genannte Thema kann in einer etwas umfassenderen Lernaufgabe wie folgt aussehen: Die Schüler erarbeiten im Vorfeld einer Bundestags- oder Landtagswahl einen Beitrag zur Wahlrechtsentscheidung 1849 für eine Wissenszeitschrift, die sich an Jugendliche richtet und über erste Diskussionen um ein Wahlrecht für das Parlament in der Geschichte berichtet. Voraussetzung für die Aufgabe ist, dass die Schüler die Gütekriterien für eine historische Erklärung kennen (nach Coffin 2006, S. 68: *factorial explanation*). Auch das Format des Hintergrundbeitrages der Zeitschrift sollte bekannt und bereits geübt sein. Die Materialien zur Erarbeitung setzen sich zusammen aus a) den Reden verschiedener Abgeordneter (z.B. Löwe, Beckerath, Pfeiffer), b) dem Protokollauszug zur weiteren Debatte, c) einer Übersicht zu den Gruppierungen und der Zusammensetzung des Parlaments in der Paulskirche sowie d) der Diskussionsvorlage des Verfassungsausschusses und der Entscheidung im Verfassungsentwurf.[62] Konkrete Vorgaben sorgen für die Vergleichbarkeit der Ergebnisse (z.B. Länge des Beitrages) und für eine vertiefte Quellenerschließung, indem beispielsweise zwei Stellungnahmen explizit erläutert werden müssen.

Die Auswertung besteht in der Präsentation und Diskussion der Beiträge auf Basis der Gütekriterien. Ein Tafelbild kann zusätzlich für alle Schüler die wichtigen Ergebnisse, v.a. zur Quellenerschließung, -kritik und zur historischen Einordnung festhalten. In der Reflexion werden geeignete und ungeeignete Strategien in der Problemlösung ausgewiesen. Hervorgehoben wird beispielsweise die Beweisführung über die Argumentationen der Abgeordneten (empirische Triftigkeit) und die Begrenztheit der Aussage über historische Perspektiven, wenn nur Reden aus der Paulskirche und keine anderen Quellen und Quellengattungen ausgewertet werden.

Die Qualität der Lernaufgaben bestimmt sich auch durch die genaue Vorstellung von den zu erreichenden Kompetenzzielen. Mit einem Rollenspiel zur Aushandlung eines Verfassungskompromisses in der Paulskirche wäre beispielsweise eine andere Zielsetzung (Empathie) verbunden. Die Sequenz hier ist anders angelegt: Es geht um das Verstehen im historischen Kontext, das über das narrative „Erklären" für eine junge Zielgruppe in den Vordergrund gerückt wird. Gleichzeitig fordert die Aufgabe zu einer sinnbildenden historischen Erzählung auf und stellt damit – neben dem Verstehen – auch sprachliche Anforderungen in den Vordergrund.

In der Geschichtsdidaktik spielen die Lernaufgaben schon seit einigen Jahren eine wichtige Rolle (u.a. Gautschi 2009). Auf Basis der Zusammenstellungen bei Thünemann und Köster lassen sich folgende Aspekte für gute Lernaufgaben in problemorientierten Unterrichtseinheiten definieren (Thünemann 2013; Köster et al. 2016). Die Aufgaben sollen ...

- klar formuliert sein;
- kognitiv aktivierend sein, in dem sie den problemlösenden Denkprozess (z.B. Sachanalyse, Sachurteil, Werturteil) anregen und eine angemessene Herausforderung darstellen;
- von den Kompetenzzielen ausgehend gedacht sein und dann an Materialien konkretisiert werden;
- vielfältig sein, indem sie sich auf unterschiedliche Schwerpunkte konzentrieren und notwendige Hilfestellungen anbieten;

- die Lernenden nicht unnötig einschränken, sondern das eigenständige Denken fördern;
- Hierarchisierungen, Umwälzungen und sinnbildende Erzählungen von erworbenem Wissen anregen;
- das gemeinsame Arbeiten von Schülergruppen einfordern und zur Diskussion anregen;
- an eine argumentative Auseinandersetzung mit der Bedeutung von Geschichte für die Gegenwart heranführen.

4.2.3 Problembasierte Projektarbeit

Die Projekte sollen noch weitere Freiräume eröffnen, in denen Lernende in kollaborativen und diskursiven Prozessen selbstständig an Problemstellungen arbeiten können, die sich im Alltag oder im Berufsleben stellen. Die Probleme sind komplex und können auf unterschiedliche Weise gelöst werden. Um diese Projekte sinnvoll in den Geschichtsunterricht einbinden zu können, sind zwei Voraussetzungen grundlegend. Einerseits bedarf es einer angemessenen Hilfestellung und andererseits benötigen die Projekte engagierte Schüler, die nicht nur Fähigkeiten, sondern auch die Bereitschaft zum historischen Erkunden und Erforschen sowie zum Erklären und zum Argumentieren entwickeln.

Die erste Seite wird über den Gedanken des *scaffoldings* (*scaffold* = Gerüst) in die didaktische Diskussion eingebracht. Der Grundgedanke stützt sich auf einen gemäßigten Konstruktivismus als Lerntheorie. Unterricht hat in dieser Überlegung die Aufgabe, Lerngelegenheiten bereitzustellen, die den Schülern und Schülerinnen die Konstruktion von Wissen und Verstehen erlauben (Hamond/Gibbons 2001, S. 13).

Das Gerüst wird als kognitive Unterstützung gedacht. *Scaffolding* soll dann erfolgen, wenn der Lerner ohne diese Unterstützung nicht weiterkäme. Der Grundgedanke einer Hilfestellung bzw. eines Gerüstes liegt in der Überzeugung, dass es eine Entwicklungszone bei jedem Lernenden gibt, die durch zwei Punkte definiert wird: Die augenblickliche Kompetenzstufe einerseits und die mögliche Progressionsstufe andererseits, die durch problemlösende Denkaufgaben unter Anleitung und mit Hilfestellung erzielt werden kann (Hammond/Gibbons 2001, S. 19f.). Eine Überforderung führt zu Frustration, eine Unterforderung zu Langeweile. Ein kognitives Engagement der Lernenden liegt nur innerhalb dieser optimalen Zone.[63]

Scaffolding ist insofern ein für den problemorientierten Geschichtsunterricht gut geeignetes Lehrkonstrukt, da es die Lehrerrolle auf eine Steuerungs- und Unterstützungsfunktion für den Lernprozess der Schüler und Schülerinnen ausrichtet. Elemente der Instruktion werden in diesem Gedanken der Hilfestellung nicht ausgeschlossen, sondern sinnvoll in eine dem gemäßigten Konstruktivismus zugewandte Lerntheorie eingeordnet. So lässt sich der Gedanke der „kognitiven Lehre" (*cognitive apprenticeship*) für den POGU fruchtbar machen (vgl. Kap. 1.3.2). In einer Anbahnungsphase können Sequenzen eines historischen Denkprozesses (z.B. die Quellenkritik oder auch die Entwicklung einer Fragestellung) vom Lehrer bzw. von der Lehrerin durch „lautes Denken" (*think aloud*) vorgemacht werden *(modeling)*. Im nächsten Schritt sind es die oben ausgeführten engeren Arbeitsaufträge (Kap. 4.2.a), die die Interpretation einer Quelle anleiten. In den Lernaufgaben (Kap. 4.2.b) wird dann die Interpretation vielfältiger Materialien eingefordert, aber schon nicht mehr zu kleinschrittig angeleitet. Die Schüler sollen sich vielmehr als schon etwas fortgeschrittene „Lehrlinge" begreifen können und das Handwerkszeug nun selbst anwenden. Die Hilfestellung lässt also mit zunehmender Kompetenz nach (*fading*). Während der Bearbeitung der Lernaufgaben ist die Lehrkraft ein aufmerksamer Zuhörer (Diagnose) oder ein fachlicher Dialogpartner, der durch sinnvolle Impulse die Gruppen zur weiteren Vertiefung ihrer Diskussionen anregt (*coaching*). In der Auswertung moderiert die Lehrkraft, vor allem aber bietet sie auch über Systematisierungen, Kategorisierungen und gegebenenfalls Korrekturen Hilfestellungen. Begleitet wird die Entwicklung zum eigenständigen Denken durch Feedback. Als

Ziel der Lehrerrolle wird häufig das *fading-out* beschrieben, die zunehmende Zurückhaltung der Lehrperson im Lehrgang Geschichte. Lernsteuerung und Verantwortung sollen an die Lernenden übergehen (Reusser, 2005, S. 170). Dieser Schritt lässt sich in den problembasierten Projekten realisieren, in denen das *Scaffolding* – zumindest bei fortgeschrittenen Lernern – nur noch auf die Materialbasis in Form eines verbindlichen Readers und auf das Feedback zur Verbesserung des Produktes bezogen wird.

Die Überlegungen entsprechen in ihren doch sehr idealisierten Ausführungen zunächst der theoretischen Ebene allgemeindidaktischer Zugriffe. Die Überlegungen sind hilfreich, müssen bei der unterrichtspraktischen Umsetzung aber an die Gegebenheiten von Unterricht und an die Bedarfe von Lerngruppen angepasst werden. Die Kombination von Phasen der Engführung über Arbeitsaufträge, über größere Lernaufgaben bis hin zu den offenen Arbeitsformen der problembasierten Projekte sollte gut überlegt sein. Geschichtsunterricht lässt sich wohl kaum an einer Progressionslinie des Historischen Denkens anordnen. Jede Epoche, jede Thematik, jede neue Quellengattung verlangt wieder Rückgriffe auf neue Anbahnungsphasen. Im Unterricht ist es letztendlich ein Herantasten, ein Ausprobieren und gelegentlich auch ein Scheitern. Dieses sollte allerdings nicht zur grundsätzlichen Rückkehr zu einer ständig fortgesetzten engen Unterrichtslenkung führen. Es scheint auf Dauer gewinnbringender, die Expertise beim Scaffolding auszubauen. In diesem Aspekt gibt es im Bereich der geschichtsdidaktischen Konzeptualisierung Nachholbedarf.

Die zweite Voraussetzung, das Engagement der Schüler und Schülerinnen, wird vor allem durch die Problemstellung und -situierung beeinflusst. In der Literatur ist von der „Gestaltung von effektiven Problemsituationen“ die Rede (Müller Werder 2013). Die Kriterien für eine solche Aufgabenstellung sollen ebenfalls anhand der Wahlrechtsdebatten in der Paulskirche dargestellt werden, um die drei unterschiedlichen Lernarrangements besser vergleichen zu können.

Ein Beispiel zu einem problembasierten Projekt

Aufgabenstellung: Die Parlamentshistorische Ausstellung „Wege – Irrwege – Umwege“ des Deutschen Bundetages im Berliner Dom wird in jenem Bereich, der sich mit der Revolution von 1848/49 befasst, neu gestaltet. Das Parlament in der Paulskirche soll größere Beachtung finden. Entwickelt einen konkreten Vorschlag (Vitrinengestaltung, Informationstafeln, Audio-Guide), wie die Frankfurter Nationalversammlung und ihre Debatten in dieses Vorhaben integriert werden können.

Bereits oben (Kap. 2.3) wurde auf die Bedeutung der beiden Säulen, Problem und Produkt, hingewiesen. Die erste Phase ist der Problemkonfrontation und -konkretisierung zugeordnet. In diesem Fall bietet sich ein virtueller Rundgang durch die Berliner Ausstellung an.[64] Die eigentliche Problematisierung wird erst im Laufe dieser Hinführung deutlich, wenn sich die Vorstellung der Schüler zu der Aufgabe und dem Produkt konkretisieren und die Einbeziehung des Titels als Herausforderung erkannt wird. Die mögliche weitere Strukturierung des Projektes zeigt die folgende Tabelle auf, die im Wesentlichen an den *seven steps* ausgerichtet ist, die Schülern und Studierenden als Richtschnur in Institutionen an die Hand gegeben werden, die übergreifend mit PBL arbeiten:[65]

1. Diskutiert den Fall und stellt sicher, dass alle die Problemstellung verstehen.
2. Findet und formuliert die Fragen, die beantwortet werden müssen, um den Fall zu lösen.
3. Tragt in der Gruppe in einem Brainstorming zusammen, was ihr schon sicher wisst und erörtert mögliche Problemlösungen.
4. Analysiert und strukturiert die Ergebnisse aus dem Brainstorming: Was wisst ihr, was ist unsicher, was muss recherchiert werden?
5. Formuliert die noch zu bearbeitenden Punkte. Listet z.B. auf, welche Quellen noch analysiert werden müssen und welche Zusammenhänge zu klären sind.

6. Bearbeitet die Punkte – einzeln oder in kleinen Gruppen. Stellt sicher, dass ihr alle vorgegebenen Materialien einbezieht und recherchiert gegebenenfalls weitere.
7. Diskutiert die Ergebnisse und erarbeitet euer Produkt.

Eine mögliche Gliederung und der Projektverlauf werden in Abb. 27 (nach Reusser 2005, S. 172) dargestellt.

Projektverlauf allgemein	Projekt zur parlamentshistorischen Ausstellung
1. **Problemkonfrontation/ Fallvorstellung (im Plenum):** Entwicklung der Problemstellung und erste Klärung des Zieles, d.h. des Produktes	Einführung der Problemstellungen (vgl. oben) mit einem „virtuellen Rundgang" in der Ausstellung. Brainstorming zu inhaltlichen Zielen und ersten Präsentationsideen (u.a. Informationstafel oder Audioguide)
2. **Problemdefinition (Gruppe und Plenum):** Aufgliederung in Teilprobleme, Begriffsbestimmungen, Entwicklungen von Binnenfragestellungen, Ausdifferenzierung der Fragestellung	• Besprechung möglicher inhaltlicher Schwerpunkte (Erklärung der unterschiedlichen Standpunkte, Verortungen in sozio-kulturellen Kontexten, politische Zusammenhänge angesichts der erstarkenden Reaktion etc.) • Erste Dekonstruktion der Ausstellung im Dom (Initiatoren/Erkenntnisinteresse/Publika etc.) • Ausarbeitung eines Kriterienkataloges für einen gelungenen Vorschlag
3. **Hypothesenbildung (Gruppe und/oder Plenum):** Mögliche Ergebnisse und Lösungswege, Material- und Recherchebasis etc.	Die Gruppen beratschlagen, wie die Problemlösung angegangen werden soll: Ideen für das Produkt werden verhandelt, Materialien gesichtet und weitere recherchiert. Ein Reader mit den Grundmaterialien steht für alle Schüler/Schülerinnen zur Verfügung, Netzzugriffe (z.B. Informationen zur politischen Bildung und die Objektdatenbank des Deutschen Historischen Museums) sind sinnvolle Ergänzungen.
4. **Formulierung der Lernziele:** Strukturierung der Lösungsideen, Festlegung/Verteilung der Informationsbeschaffung etc. (Gruppen)	Die Schüler legen einen Arbeitsplan fest und verteilen Aufgaben. So können beispielsweise die Reden getrennt erarbeitet werden. Die weiteren Schritte können mit einer Gruppenarbeitsphase zur Gegenüberstellung der Positionen und einer gemeinsamen Einbettung in die Kontexte definiert werden.
5. **Erarbeitung:** Wissensaneignung durch Selbststudium, Recherchen, Entwicklung von Lösungsskizzen (Einzel- und Gruppenarbeit)	Jeder Schüler/jede Schülerin erarbeitet die Position und die Argumentation aus einer Rede und sichert die Ergebnisse auf einem von der Gruppe vorstrukturierten Blatt. Auf diesem werden ebenfalls die biografischen Hintergründe der Redner notiert und Verweise auf historische Kontexte in Stichpunkten eingefügt.

6. **Synthese:** Zusammentragen der Ergebnisse, Vergleich und Kontextualisierung. Entscheidung für die Lösung und für das endgültige Produkt, Ausarbeitung dieses Produktes	In einer ersten gemeinsamen Auswertung werden die Positionen der Redner verglichen und in das Spektrum der politischen Gruppierungen in der Paulskirche eingeordnet. In einer weiteren Erarbeitungsphase werden die Einbettungen in Kontexte vorgenommen, bevor die Gruppe die Ausarbeitung des Produktes beginnt.
7. **Präsentation, Reflexion und Evaluation:** Systematisierung der Lernergebnisse, Reflexion der Arbeitsprozesse, Definition von offenen Fragen etc.	Präsentation/Reflexion und Evaluation: Die Produkte der verschiedenen Gruppen werden präsentiert und unter Heranziehung des in LS 2 erstellten Kriterienkataloges besprochen. Die wichtigsten Lernergebnisse werden noch einmal zusammengefasst. Abschließend werden die methodischen Schritte und die Lösungswege reflektiert. Es geht generell um die Frage, was durch das Projekt gelernt wurde, wo Aspekte unklar geblieben sind und Methoden nicht funktioniert haben.
8. **Weiterführung**	Darauf aufbauend können sich weiterführende inhaltliche Phasen und Diskussionen anschließen, indem andere Schwerpunkte innerhalb des weiten Rahmens der Ausstellung „Wege – Irrwege – Umwege" aufgegriffen werden.

Abb. 27: Phasen und Strukturierung eines problembasierten Projekts.

4.3 Vertiefende Aspekte zur Gestaltung des historischen Lernens

Nachdem in diesem Kapitel zunächst die Förderung von Lernprozessen durch entdeckendes Fragen und die Steuerung durch Arbeitsaufträge, Lernaufgaben und Projekte im Vordergrund stand, soll es nun um Details in der Ausgestaltung des Lernens gehen. Grundlegend bleibt die Überlegung, wie ein möglichst selbstständiges historisches Arbeiten in problemorientierten Lernumgebungen gefördert werden kann.

4.3.1 Lesen

Lesen lehren ist eine Aufgabe, die alle Fächer und damit alle Lehrkräfte gemeinsam zu schultern haben. Das Lesen in der Domäne Geschichte (mit einem Regelkreis des historischen Lernens) erfordert eigene Fertigkeiten. Die Jugendlichen sollen in einem Darstellungstext Sachurteile und Werturteile erkennen können und nicht einfach Fakten entnehmen (vgl.

u.a. Köster 2013). Ältere schriftliche Quellen weisen sprachliche Schwierigkeiten auf, die in keinem anderen Fach in dieser Form auftreten. Selbst die Lehrbuchtexte beinhalten besondere Anforderungen an Lesetechniken, da alleine das Erzählen über Zeit, Zeitverläufe oder Epochen hochkomplexe Strukturen hervorbringt, die vom Leser entschlüsselt werden müssen. Viele Lehrer konstatieren, dass ihre Schüler Schwierigkeiten haben, die Texte im Geschichtsunterricht zu erfassen. Diese Eindrücke werden durch empirische Studien bestätigt (von Borries 2005).

Das Lesen im Geschichtsunterricht ist die Grundlage für beide Basisoperationen des historischen Denkens, d.h. für die Rekonstruktion von Vergangenheit auf Grundlage von Quellen und für die Dekonstruktion von Narrationen. Bei Vergleichsstudien zum historischen Denken (und Handeln) von Novizen und Experten, zeigten sich schon im Leseverhalten ganz unterschiedliche Zugriffe, wie Wineburg nachwies (2001). Er verglich das Vorgehen in der Quelleninterpretation von Schülern in verschiedenen Erfahrungsstufen und von Historikern in *Think-Alouds.* Die Probanden sollten Quellen (v.a. Reden und Briefe) mit unterschiedlichen, scheinbar widersprüchlichen Positionierungen von Abraham Lincoln zur Sklaverei vergleichen. Eine genaue Fragestellung oder ein Leseauftrag wurde nicht vorgegeben. Alle Testteilnehmer verfügten über gewisse Grundlagenkenntnisse zu den Verhältnissen in Amerika in der Mitte des 19. Jahrhunderts. Die Historiker hatten ihre eigenen fachlichen Schwerpunkte in anderen Bereichen, sie waren also nur Experten auf dem Gebiet der Quelleninterpretation, nicht in thematischer Hinsicht. Die Ergebnisse strichen die besondere Bedeutung der Prä-Konzepte heraus, mit denen sich die Probanden den Quellen zuwandten und ihre Lesestrategien strukturierten. Schüler, die Geschichte als Ansammlung von Fakten über die Vergangenheit verstanden, richteten ihre Lesetechnik entsprechend aus: Sie unterstrichen die Fakten- und Ereignisbezüge, die im Text genannt wurden. Widersprüchen zwischen

Quellen versuchten sie durch das Herausfiltern der richtigen, in ihrer Terminologie der „objektiven“ Quelle entgegenzutreten. Abweichungen fassten sie als „Lüge“ oder „Verdrehung“ auf. Sie begründeten ihr Tun mit der Suche nach der historischen Wirklichkeit und der „Wahrheit“.

Experten setzten sich dagegen aktiv mit den Texten auseinander. Sie entwickelten während des Lesens Fragestellungen, erfassten Argumente und Perspektiven, nicht Tatsachen und Fakten. Sie verglichen die Kontexte, fragten nach den sozialen Orten des Autors und der Adressaten, nach dem Erkenntnisinteresse und banden die Quellen an ihre Entstehungssituation zurück. Während des gesamten Prozesses formulierten sie immer wieder neue und präzisere Fragestellungen und Thesen, die sie dann an den Dokumenten überprüften. Sie gestalteten das Lesen also als einen aktiven Prozess in diskursiver Auseinandersetzung mit den Texten und ihren Autoren (Martin/Wineburg 2008).

Diese Art des Lesens ist fachspezifisch. Demnach fällt die Förderung einer solchen Lesefähigkeit in den Zuständigkeitsbereich eines guten Geschichtsunterrichts. Mit der Problemorientierung kann den Schülern ein Zugang zu diesem aktiven Lesen eröffnet werden (VanSledright 2004a, S. 230). Die Lehrkraft kann beispielsweise das aktive Lesen einmal demonstrieren, indem sie ihr Vorgehen und ihre Gedanken beim Vergleich zweier Quellen laut formuliert (*think aloud*). Die Schüler sollen so das Ausprobieren und Tasten, das Zögern und wiederholende Lesen, das ständige Fragen und Revidieren, die Auseinandersetzung mit dem Text und den vorgestellten Dialog mit seinem Autor erkennen können. In der nachfolgenden Besprechung geht es um die Analyse dieser Lesetätigkeit, um die Bestandteile als Werkzeugkasten des Lesens verfügbar zu machen: „Novices not only need to ‚see thinking‘ – they also need to see it and then be guided in understanding what they saw“ (Martin/Wineburg 2008, S. 310).

Die Anbahnung einer historischen Lesekompetenz als einer „aktiv-konstruktivistische(n) Leser-Text-Interaktion“ (Günther-Arndt 2005, S. 672) kann schon durch eine kleine Veränderung der Fachkommunikation angeregt werden: Jede Inhaltsbesprechung zu einer Quelle sollte nicht mit einem Arbeitsauftrag des Zusammenfassens, Skizzierens oder Entnehmens alleine versehen werden, sondern immer die Aufmerksamkeit auf den Entstehungskontext des Dokuments lenken (z.B.: *Liste auf, welche Ereignisse der Autorin wichtig sind*). Je nach Inhalt kann die Aufgabe leichter und konkreter gestaltet werden, wenn zum Beispiel alle Zeitbezüge, die der Autor herstellt, mit einer bestimmten Farbe, Kausalzusammenhänge (Ursachen/Folgen) mit einer anderen Farbe und Konnektoren (während, davor, danach, gleichzeitig, in Folge von ...) doppelt unterstrichen werden. Diese kleine Aufgabe lässt den Text als ein Produkt eines Autors deutlich werden, der die Erzählung bewusst gestaltet und Zusammenhänge hergestellt hat. Die nächsten Schritte zur Quellenkritik fallen nach dieser Aufgabe leichter.

Eventuell ist es auch sinnvoll, mit den Schülern bestimmte Zeichen für das Markieren und Annotieren von Texten zu vereinbaren. In dieser Hinsicht sind Kopien oder digital verfügbare Quellen unabdingbare Voraussetzung für ein Lernen im Fach. Die Quelle oder der Darstellungstext im Schulbuch der allgemeinen Ausleihe, die nicht bearbeitet werden dürfen, sind wenig hilfreich beim Kompetenzerwerb. Auf der Grundlage von vorhergehenden Anbahnungsphasen lässt sich selbst mit jungen Schülern ein kurzer Leseleitfaden zur Dekonstruktion erarbeiten. Monte-Sano schlägt für das aktive Lesen fünf Kategorien mit entsprechenden Markierungen vor (IREAD), die Aufzählung erfolgt nicht in der Lesereihefolge, sondern beginnt mit dem zentralen Punkt, der die Leseabsicht definiert (Monte-Sano et al. 2014, S. 22 und Appendix A):

Die Antwort/Stellungnahme des Autors in Bezug auf die historische Fragestellung wird mit einem Kasten umrandet – oder, falls der Autor seine Positionierung nicht explizit macht, als Schlussfolgerung in einem Kasten an der Oberkante des Textes notiert.

Jeder Absatz wird gelesen, um zu erkennen, was die Hauptidee bzw. der zentrale Gedanke des Autors in den Zeilen ist. Die zentralen Gedanken werden ggfs. unterstrichen oder am Rand in eigenen Stichpunkten zusammengefasst.

Mit Sternchen (*) werden Textpassagen gekennzeichnet, die irgendwelche Hinweise auf den Autor, besondere Charakteristika der Textgattung, die Entstehungssituation des Textes und den Adressaten enthalten.

Historische Kontexte (Ereignisse, Personen, Entwicklungen), die der Autor erwähnt, werden mit einem Pfeil am Rand gekennzeichnet.

Beispiele, die der Autor für seine Argumente anführt, werden mit einem dünnen Rahmen oder einem Kringel gekennzeichnet.

„Reading like a Historian"

Die oben dargelegte Lesestrategie basiert auf einer Systematisierung des grundlegenden Vorgehens im Geschichtsunterricht, das die „Stanford History Education Group" ausgearbeitet hat. Aufbauend auf den Novizen-Experten-Vergleichen entwickelte die Gruppe einen möglichst einfachen Erklärungsansatz, der den Schülern zumindest die Strategie erklären, wenn nicht sogar eine metakognitive Reflexion ermöglichen soll. Im Wesentlichen geht es darum, Schülern folgende Fragen und darauf basierende Denkprozesse deutlich zu machen, indem das intensive Lesen in drei große Schritte gegliedert wird (Abb. 28): a) die Erschließung und Quellenkritik, d.h. das „zur Quelle machen" (*sourcing*) als aktives Historikerhandeln, b) die Kontextualisierung und c) der Vergleich mit anderen Dokumenten.

Lesen	Analyse	Narrativieren
Überfliegen, scannen, gründlich lesen und bearbeiten: Markieren und annotieren	**Sourcing** • Position des Autors • Entstehungssituation des Dokumentes • Adressaten/Publika • Aussageabsicht, Erkenntnisinteresse • Wahl des Genres **Contextualization** • Zeitpunkt und Ort der Entstehung • Zusammenhang zwischen Inhalt und den Zeitumständen • Erklärung für diese historische Verortung des Dokuments **Corroboration** • Vergleich mit anderen Dokumenten • Erklärung von Unterschieden und Übereinstimmungen • Einordnung in historische Zusammenhänge	• Erklärung zu Urteil/Position des Autors • Beurteilung der Beweisführung • Funktion der sprachlichen Mittel • Erklärung des Einflusses des zeitgenössischen Geschehens • Einordnung im Vergleich mit anderen Dokumenten

Abb. 28: Reading like a Historian (nach: Historical Thinking Chart: https://sheg.standford.edu (13.12.2018)).

Diese Schritte der Erschließung und Interpretation werden mit den Schülern sorgfältig erarbeitet. Zusammenfassende Poster sichern die ständige Verfügbarkeit basaler Fragestellungen in den drei großen Zugriffen ab, damit die Schüler bei der Bearbeitung der Lernaufgaben auf diese Hilfestellung zurückgreifen können. Die Schüler konzipieren auf der Basis umfangreicher Materialkonvolute Essays, in denen sie sich mit einer Fragestellung auseinandersetzen und zu einem Urteil gelangen müssen. Bei Abraham Lincoln ging es beispielsweise um die Frage „Was Lincoln a racist?".[66]

4.3.2 Die Arbeit mit Schulbuchtexten

Das Arbeiten mit Schulbuchtexten ist eine zusätzliche Schwierigkeit, die sich auch in problemorientierten Stunden stellt. Erklärende Texte sind für den Unterricht unverzichtbar. Schließlich benötigen die Schüler und Schülerinnen eine Übersicht über Ereignisse, Akteure, soziale und kulturelle Hintergründe, um selbst mit Quellen und Darstellungen arbeiten zu können. Schulbuchtexte sind allerdings eine sehr eigentümliche und künstliche Textgattung. Meist haben sie scheinbar keinen Autor bzw. keine Autorin, weisen keine Fragestellung auf und führen keinen narrativen Diskurs. Beispielsweise verhandeln solche Texte kaum unterschiedliche historische Deutungen oder widersprüchliche bzw. voneinander abweichende Quellenbefunde. Der Lernende bekommt allzu schnell den Eindruck, das Schulbuch kenne die historische Wahrheit. Dabei sind die Texte meist hoch komplex und dicht konstruiert. Sie müssen zwangsläufig kurz sein, und diesem Anliegen wird der eigentliche Charakter einer historischen Narration geopfert.[67]

Auch in diesem Fall fördern geeignete Aufgaben in einer problemorientierten Lernumgebung ein vertieftes historisches Lernen. Ein Beispiel soll dies verdeutlichen.

Beispiel

The American Revolution: Eine Revolution oder eher „nur" eine Unabhängigkeitsbewegung?

Die Aufgabenstellung in dieser Stunde bezieht sich auf das Übertragen eines erklärenden Lehrbuchtextes in eine *Concept Map*.

Um die Einsichten in die narrative Konstruktion der Texte zu vertiefen, wird die Klasse geteilt und erhält inhaltlich vergleichbare Texte aus unterschiedlichen Lehrwerken. Die Schüler und Schülerinnen übertragen die Erklärungen zu Ursachen, Wirkungen und Zeitverläufen in die *Concept Maps* und stellen diese in der Auswertungsphase vor. Im Anschluss werden die Narrationen auf Erzählprinzipien überprüft und verglichen: Die erzählten Geschichten könnten etwa unterschiedliche Anfangs- und Endpunkte haben, die detaillierter vorgetragenen Ereignisse anders selektieren, Diskontinuitäten oder Kontinuitäten, den revolutionären oder den evolutionären Charakter stärker betonen und unterschiedliche Akteursgruppen in den Vordergrund stellen.

Beim Vergleich der Gemeinsamkeiten und Unterschiede der Erzählungen in der Auswertungsphase tritt die Konstruktionsarbeit der Autoren in den Vordergrund, sodass neben der intensiven und aktiven Auseinandersetzung mit den Inhalten, die durch den Leseauftrag erreicht wird, auch das Verständnis der Lernenden für die epistemische Kognition erweitert wird. Die Scharnierfunktion zwischen Geschichtsunterricht und einer allgemeinen Lesekompetenz übernimmt auch hier die Problemorientierung. Die Auseinandersetzung mit den Texten wird durch die übergeordnete Fragestellung angeregt und durch die methodische Ausgestaltung der Aufgabe vertieft.

4.3.3 Schreiben und Erzählen

Historische Narrativität wird als die zentrale und übergeordnete Kompetenz des Geschichtsunterrichts definiert (Gautschi 2009). Die Problemorientierung wurde mitunter sogar als Hindernis für die Narrativität bezeichnet (Pandel 2010, S. 9). Dieser berechtigten Kritik kann durch die Weiterentwicklung von einem starren Stundentypus zur Problembasierung begegnet werden, da sich auf diese Weise viele Möglichkeiten ergeben, Schreiben und Erzählen als aktive Schülerleistungen zu fördern. Die Problemsituation fordert sogar zum historischen Argumentieren auf. In der angelsächsischen, französischen und in der niederländischen Didaktik wird diese Form des historischen Erzählens systematisch angebahnt und in das Curriculum eingebunden. Mitunter wird die historische Erklärung als Vorstufe zum Argumentieren angesetzt (Coffin 2008, S. 47). Das Historische Argumentieren greift den Regelkreis des historischen Denkens als Gesamtlernaufgabe auf (z.B.: Die Kirchen im Nationalsozialismus: „Inseln der Unangepasstheit?“[68]) und bereitet auf eine aktive Teilhabe am öffentlichen Geschichtsdiskurs vor. Sachbasiertes und evidenzbasiertes Argumentieren werden meist unter dem Schlagwort *citizenship* als Grundfertigkeit ausgewiesen, die man in der Schule erwerben sollte (Barton/Levstik 2004).

Die Anforderungen sind hoch, die Übersicht in der Abbildung unten (Abb. 29) kann die wichtigsten und aufeinander zu beziehenden Aspekte des historischen Argumentierens illustrieren.

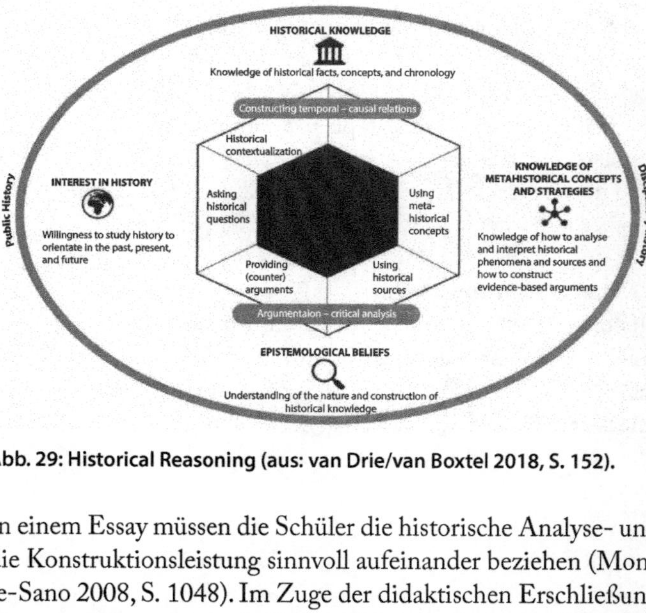

Abb. 29: Historical Reasoning (aus: van Drie/van Boxtel 2018, S. 152).

In einem Essay müssen die Schüler die historische Analyse- und die Konstruktionsleistung sinnvoll aufeinander beziehen (Monte-Sano 2008, S. 1048). Im Zuge der didaktischen Erschließung dieses hochkomplexen Aufgabenfeldes wurden viele Hilfestellungen entwickelt, die Schülern bei der Bewältigung der hohen Anforderungen helfen sollen, denn die fachversierte Begleitung einer solchen Schreibaufgabe ist für den Lerneffekt ausschlaggebend (vgl. u. a. Van Drie et al. 2014; De La Paz 2014; Mierwald/Brauch 2015). Unter anderem erhalten die Schüler und Schülerinnen eine kommentierte Vorlage für die Gliederung, die sie vor dem eigentlichen Schreibprozess in Stichpunkten ausfüllen. Diese Gliederung wird von der Lehrkraft durchgesehen und mit einem Feedback versehen. Dieses weist auf fehlerhafte Quellenerschließungen, auf eine zu oberflächliche Quellenkritik, auf eindimensionale Begründungen etc. hin und enthält Tipps für die Verbesserung. Der Schreibprozess beginnt erst dann, wenn diese Gliederung angemessen ist.

Das Entstehen des Essays wird ebenfalls durch Feedback begleitet. Die Schüler legen beispielsweise ihre Einleitung oder den ersten Paragraphen zu einem Gegenargument vor und bekommen Rückmeldungen, die Verbesserungen anregen. Der weitere Teil des Essays ist dann eigenständig zu erarbeiten.

Gliederung	Tipps
Einleitung	1. Beschreibe kurz das historische Ereignis. 2. Erkläre die historische Fragestellung. 3. Erkläre, warum es unterschiedliche Positionen gibt. 4. Lege deine Antwort zur Fragestellung kurz dar.
Argument 1	1. Leite den wichtigsten Grund ein, der deine Argumentation unterstützt. 2. Füge ein Zitat aus einer Quelle oder Darstellung ein, das deine Argumentation belegt. 3. Erkläre das Zitat und den historischen Hintergrund des Dokumentes. 4. Erkläre, warum du diese Quelle/diese Darstellung als besonders verlässlich und valide einstufst.
Argument 2 (evtl. 3)	Wähle einen weiteren Grund aus und gehe vor wie oben
Gegenargument 1 (evtl. 2)	1. Wähle den überzeugendsten Grund, der gegen deine Argumentation und für eine andere Perspektive spricht. 2. Erkläre diese Perspektive (vgl. oben). 3. Begründe, warum diese Perspektive/dieses Argument deiner Meinung nach nicht zutrifft. Achte auf sachbezogene Begründungen (z.B. Verlässlichkeit und Aussagewert der Quelle, die Umstände der Quellenentstehung).
Fazit	Beantworte die Frage des Essays in einer Abwägung der möglichen Optionen. Erkläre, warum du dich für diese Antwort entschieden hast.

Abb. 30: Essay Plan (nach: Monte-Sano et al. 2016, S. 183).

Anmerkungen

1 Im Folgenden werden aus Gründen der Lesbarkeit, wenn geschlechtsneutrale Formulierungen nicht möglich sind, unterschiedliche Formen gewählt, um den Gedanken wachzuhalten, dass alle Geschlechter gemeint sind. An den wenigen Stellen des Buches, an denen geschlechterspezifischen Aussagen getroffen werden, ist dies eindeutig kenntlich gemacht.

2 Für wertvolle Hinweise möchte ich Dr. Heidrun Ochs und Katharina Kaiser danken.

3 Prä-Konzepte und Schülervorstellungen werden in diesem Band als übergreifende Termini auf eine Verknüpfung zwischen Vorwissen, Denkfiguren, Deutungsmuster und Theorien bezogen (Hensel-Grobe 2017, S. 76f.; Günther-Arndt, 2006, S. 251).

4 Vgl. auch: http://historicalthinking.ca/ mit Videos zur Erklärung der second-order concepts für Schüler und Schülerinnen (23.12.2018).

5 Zitiert nach Schumacher, Leonhard (2001): Sklaverei in der Antike: Alltag und Schicksal der Unfreien, München, S. 288, Abb. 128. Eine ähnliche Abbildung befindet sich auch in vielen Geschichtslehrwerken.

6 https://www.dhm.de/fileadmin/lemo/suche/search/index.php?a=bestand&b=suche&q=17.+Juni+1953 (22.2.2019).

7 Arno Borst setzte sich mit „Lebensformen im Mittelalter" auseinander und ordnete die conditio humana – d.h. den Lebenslauf der Menschen mit dem Streben nach Freude, Glück und Erfüllung sowie den Erfahrungen von Mühen, Ängsten und Nöten – in die societas humana ein, die sich durch die Kategorien Gesellschaft, Wirtschaft, Kultur und Herrschaft definiert: Borst, Arno (1979): Lebensformen im Mittelalter, Frankfurt a.M./Berlin/Wien.

8 Knobloch, Clemens (1992): Überlegungen zur Theorie der Begriffsgeschichte aus sprach- und kommunikationswissenschaftlicher Sicht. In: Archiv für Begriffsgeschichte, Bonn, S. 7–24.

9 Fraas, Claudia: Karrieren geschichtlicher Grundbegriffe: Freiheit, Gleichheit, Brüderlichkeit, Mannheim 1998: https://ids-pub.bsz-bw.de/frontdoor/deliver/index/docId/2614/file/Fraas-Karrieren_geschichtlicher_Grundbegriffe-1998.pdf, S. 2 (08.08.2018).

10 Ebd., S. 4.

11 Lembcke, Oliver W./Weber, Florian (Hg.) (2010): Emmanuel Joseph Sieyès: Was ist der Dritte Stand? Ausgewählte Schriften (=Schriften zur europäischen Ideengeschichte, Bd. 3), Berlin.

12 Seidel, Siegfried (Hg.) (1960): Johann Wolfgang von Goethe. Maximen und Reflexionen. Berliner Ausgabe (Kunsttheoretische Schriften und Übersetzungen, Bd. 18), Berlin, S. 622.

13 Rahmenlehrplan für Berlin-Brandburg (2017), Teil C, Geschichte. Jahrgangsstufen 7–10, S. 28.

14 Die Diskussion entbrannte vor allem um die Betonung von Längsschnitten im Lehrplanentwurf für Brandenburg-Berlin. Vgl. zu den Vor- und Nachteilen von Längsschnitten Peter Stolz: Alle Jahre wieder. Lehrplanrevision in Berlin und Brandenburg. In: Public History Weekly 3 (2015), 8, DOI: dx.doi.org/10.1515/phw-2015-3714 (19.12.2018) mit den Kommentaren, die die Diskussion spiegeln.

15 Diese Frage stellte der Deutschlandfunk am 19.1.2017 im Zusammenhang mit der ‚Yolocaust-Debatte': https://www.deutschlandfunkkultur.de/yolocaust-von-shahak-shapira-selfies-am-holocaust-mahnmal.1895.de.html?dram:article_id=376770 (9.8.2018).

16 Vgl. Carsten Heinze/Thomas Weber (Hg.). (2017): Medienkulturen des Dokumentarischen, Wiesbaden 2017. Zu Computerspielen und Geschichtsunterricht vgl. Schwarz, Angela (2015): Computerspiele im Geschichtsunterricht. https://www.bpb.de/lernen/digitale-bildung/werkstatt/214025/computerspiele-im-geschichtsunterricht (5.8.2018).

17 Corneließen, Christoph: Erinnerungskulturen, Version: 2.0, in: Docupedia-Zeitgeschichte, 22.10.2012: http://docupedia.de/zg/Erinnerungskulturen_Version_2.0_Christoph_Corneli.C3.9Fen?oldid=129375; 2.0 (1.12.2018).

18 Verwiesen sei für diese Themen im Geschichtsunterricht vor allem auf Oswalt, Vadim/Pandel, Hans-Jürgen (Hg.). (2015): Geschichtskultur. Die Anwesenheit von Vergangenheit in der Gegenwart, Schwalbach/Ts.

19 Die WDR-Dokumentation von 2012, ein Film von Werner Biermann, bietet in der Werbung des Senders einige Schlagworte, die aufgegriffen werden könnten, z.B.: „[...] eine Dokumentation, die Vorgeschichte und Ablauf der Kuba-Krise exakt nachzeichnet [...]; programm.ard.de/Programm/jetzt-im-TV/wdr-dok-am-Abgrund – anatomie-der kuba-krise/eid_281118744980476?list=main (21.12.2019).

20 Katja Kipping: „Zum Tag der Befreiung am 8. Mai, 7.5.2018: https://www.katja-kipping.de/de/article/1396.zum-tag-der-befreiung-am-8-mai.html. (10.08.2018). Vgl. Kosellek, Reinhart (2010): Der 8. Mai zwischen Erinnerung und Geschichte. In: Ders.: Vom Sinn und Unsinn der Geschichte, Berlin, S. 254–268. Zu Unterrichtsmaterialien vgl.: Huneke, Friedrich (2012): Der 8. Mai in Reden deutscher Bundespräsidenten, Schwalbach/Ts.

21 Vgl. Siebeck, Cornelia: Erinnerungsorte Lieux de Mémoire, Version: 1.0. In: Docupedia-Zeitgeschichte, 2.3.2017. http://docupedia.de/zg/Siebeck-erinnerungsorte_v1_de_2017 DOI:http://dx.doi.org/10.14765/zzf.dok.2.748.v1 (10.08.2018).

22 François, Ètienne/Schulze, Hagen (2000): „Einleitung". In Dies. (Hg.): Deutsche Erinnerungsorte, Bd. 1, München, S. 18.

23 Wehler, Hans-Ulrich: „Was uns zusammenhält". Zum Auftakt eines mehrbändigen Projektes über „Deutsche Erinnerungsorte". In: Die Zeit v. 22.3.2001.

24 Himelfarb, Hélène (1997): Versailles, fonctions et légendes, in: Nora, Pierre (Hg.): Les lieux de mémoire, Bd. 3.2, Paris, S. 193–234; Schulze, Hagen (2001): Versailles, in: François, Etienne/Ders. (Hg.): Deutsche Erinnerungsorte, München, S. 407–422. François erläutert am Beispiel von Versailles seine Kategorie „indirekte" bzw. „implizite" europäische Erinnerungsorte: François, Etienne (2006): Europäische lieux de mémoire, in: Budde, Gunilla/Conrad, Sebastian/Janz, Oliver (Hg.): Transnationale Geschichte. Themen, Tendenzen und Theorien, Göttingen, S. 294.

25 Neumann, Klaus (2001): Mahnmale, in: Etienne Francois/Hagen Schulze (Hg.): Deutsche Erinnerungsorte, B.d 1, München, S. 622–637; Thünemann, Holger (2005): Holocaust-Rezeption und Geschichtskultur, Idstein.

26 Vgl. auch mit weiterführender Literatur: Thünemann, Holger (2013): Mehr Denkmäler – weniger Gedenken. In: Public History Weekly 1, 8: DOI: dx.doi.org/10.1515/phw-2013-416. (14.08.2018).

27 Vgl. u.a.: „Umstrittene Karl-Marx-Statue enthüllt" in Zeit-Online v. 5. Mai 2018: https://www.zeit.de/gesellschaft/zeitgeschehen/2018-05/trier-200-geburtstag-karl-marx-statue-enthuellung (3.1.2019).

28 Vgl. zur Ausschreibung, Begründung für die Entscheidung von Seiten der Initiatoren und Abbildungen zu Alternativentwürfen: https://www.freiheits-und-einheitsdenkmal.de/das-denkmal/der-wettbewerb.html (2.12.2018); Die Debatte entspann sich im Sommer 2018 erneut: vgl. beispielsweise den Beitrag „Die Einheitswippe kippelt schon wieder" von Christiane Peitz (TAZ v. 27.6.2018: https://www.freiheits-und-einheitsdenkmal.de/das-denkmal/der-wettbewerb.html (3.8.2018). Die F.A.Z bietet die Chronologie ihrer Beiträge als Sammlung an: https://www.faz.net/aktuell/feuilleton/thema/freiheits--und-einheitsdenkmal (7.1.2019).

29 Steinbach, Peter (2008): Politik mit Geschichte – Geschichtspolitik. In: Geschichte und Erinnerung. Dossier: www.bpb.de/geschichte/zeitgeschichte/geschichte-und-erinnerung/ (25.12.2018).

30 http://www.geschichtsforum.de/thema/welches-war-der-ausloeser-fuer-die-franzoesische-revolution-1789.3557/ (16.8.2018).

31 https://www.youtube.com/watch?v=cg02cmbUjzM (28.8.2018).

32 Vgl.: Fischer, Peter (1974): Reden der Französischen Revolution, München, S. 136–139.

33 Vgl. u.a. „Gewinner und Verlierer? – Das historische Urteil im Geschichtsunterricht als Qualitätsmerkmal und Desiderat", HT 2014: https://www.hsozkult.de/conferencereport/id/tagungsberichte-5795 (23.12.2018).

34 Die Reden sind nicht ganz vollständig, aber doch in langen Passagen in Übersetzung abgedruckt in: Fischer, Peter (Hg.). (1974): Reden der Französischen Revolution, München, S. 250–269.

35 Zum „Evidence-Sandwich" vgl.: Mulholland, Margaret (1998): Frameworks for linking pupils' evidential understanding with growing skill in structured, written argument: the ‚evidence sandwich', in: Teaching History 107, S. 17–19.

36 Vgl. Youtube-Kanal „MrWissen2go" und „MDRZeitreise2go" von Mirko Drotschmann: https://www.youtube.com/user/MrWissen2go (27.8.2018).

37 Die Titelseite „Neues Deutschland" v. 28.10.1962 findet sich unter: https://www.nd-archiv.de/artikel/265341.udssr-ergreift-die-friedensinitiative-erneutes-angebot-fuerverhandlungen.html (3.9.2019).

38 Bernhardt, Markus (2013): Scheinpluralismus. Oder: Wie ich mir einen Schulbuchbeitrag bastle. In: Public History Weekly 1, 2013, 1, DOI: dx.doi.org/10.1515/phw-2013-138 (4.6.2018).

39 https://www.history.org.uk/primary/categories/big-picture-history (1.1.2019).

40 Wobring, Michael (2019): The flexible presentation of space in subject-matter related maps – Concepts for the mediation of world history, in: Problems in the Teaching of History, Shanghai.

41 Einen ersten Einblick für Schüler und Schülerinnen gibt beispielsweise Sönke Neitzel (2014): Wie die Weltkriege endeten, in: Informationen zur politischen Bildung 321: www.pbp.de/izpb/183887/ (23.12.2018). Zur Erinnerungskultur vgl. Maner, Hans-Christian (2018): 1918 und die Zwischenkriegszeit in rumänischen geschichtskulturellen Manifestationen, in: Zugänge 46, S. 72–86; Frie, Ewald (2018): 100 Jahre 1918/19. Offene Zukünfte, in: Zeithistorische Forschungen/Studies in Contemporary History 15/1, S. 98–114: http://www.zeithistorische-forschungen.de/1-2018/id_5561 (23.12.2018).

42 Vgl. zu den Hintergründen etwa: Roberts, Warren (2000): Jacques-Louis David and Jean-Louis Prieur, Revolutionary Artists. The Public, the Populace and Images of the French Revolution. New York

43 Vgl. Erdmann, Elisabeth (2014): Jacques-Louis David: Der Ballhausschwur am 20. Juni 1789, in: Wobring, Michael/Popp, Susanne (Hg.): Der europäische Bildersaal. Europa und seine Bilder. Analyse und Interpretation zentraler Geschichtsquellen, Schalbach/Ts., S. 28–39.

44 Biographien zu den Akteuren der Französischen Revolution finden sich auf der Plattform „Die Französische Revolution" bei „Historicum.net archiv. Geschichtswissenschaften im Internet" (z.B.: Schneider, Lars: Mirabeau, A.B., in: historicum.net, URL: https://www.historicum.net/purl/oz115/ (23.12.2018)

45 Roberts 2000, vgl. oben.

46 Vgl. u.a. Näpel, Oliver (2003): Historisches Lernen durch „Dokutainment“? Ein geschichtsdidaktischer Aufriss. Chancen und Grenzen einer neuen Ästhetik populärer Geschichtsdokumentationen analysiert am Beispiel der Sendereihen Guido Knopps, in: Zeitschrift für Geschichtsdidaktik 2, S. 213–24.

47 Die digitale Schulbuchbibliothek des Georg-Eckert-Instituts in Braunschweig bietet einen Online- Zugriff auf Schulbücher aus dem 19. Jahrhundert an: gei-digital.gei.de (23.12.2018).

48 Kaelble, Hartmut (2012): Historischer Vergleich, Version: 1.0, in: Docupedia-Zeitgeschichte, 14.08.2012. http://docupedia.de/zg/kaelble_historischer_vergleich_v1_de_2012 (28.08.2018).

49 Zu den Reformen vgl. Weinfurter, Stefan (2013): Karl der Große. Heiliger Barbar, München 2013, bes. Kapitel 1: Fern oder nah? Unser Verhältnis zur Epoche Karls des Großen, S. 3 ff.; Fried, Johannes (1997): Karl der Große, die Artes liberales und die karolingische Renaissance, in: Butzer, Paul Leo et al.: Karl der Große und sein Nachwirken. 1200 Jahre Kultur und Wissenschaft in Europa, Oberschelp, Turnhout, S. 25–43.

50 vgl. hierzu oben Kaelble 2012; Welskopp, Tomas (2010): Vergleichende Geschichte, in: Europäische Geschichte Online (EGO), hg. vom Institut für Europäische Geschichte (IEG), Mainz: http://www.ieg-ego-eu/welskoppt-2010-de (29.08.2018).

51 Verwiesen sei auf die Diskussionen um „Politisches Framing“: Vgl. u.a. Klein, Isabelle: Anleitung zum Framing? Debatte um Gutachten der ARD. Deutschlandfunk, 18.2.2019: https://www.deutschlandfunk.de/debatte-um-gutachten-der-ard-anleitung-zum-faming.2907.de/html=dram:article_id=441347 (19.2.2019). Wehling, Elisabeth (2016): Politisches Framing: Wie eine Nation sich ihr Denken einredet- und daraus Politik macht. München.

52 Ranke, Winfried (1998): Propaganda. In: Enzyklopädie des Nationalsozialismus, München, S. 42.

53 Vgl. Schmitz-Berning, Cornelia (2010): Sprache und Sprachlenkung im Nationalsozialismus. In: Dossier ‚Sprache und Politik 2010: htts://www.bpb.de/politik/grundfragen/sprache-und-politik/42752/sprache-zur-ns-zeit?p=all#footnodeid9-9 (29.08.2018).

54 Vgl. etwa ein Lehrwerk für Oberschulen und Gymnasien: Franke, Walter (Bearb.). (1941): Volk und Führer, Klasse V. Deutsche Geschichte für Schulen, Frankfurt/M., S. 232 ff.

55 Koselleck, Reinhart (2006): Begriffsgeschichten. Studien zur Semantik und Pragmatik der politischen und sozialen Sprache, Frankfurt/M.

56 Vgl. http://www.bpb.de/mediathek/194406/volksgemeinschaft-als-terror-und-traum (23.12.2018).

57 Vgl. von Reeken, Dietmar/Thießen, Malte (2013): ‚Volksgemeinschaft' als soziale Praxis. Neue Forschungen zur NS-Gesellschaft vor Ort, Paderborn.

58 Vgl. hierzu Wildt, Michael (2014): „Volksgemeinschaft", Version: 1.0, in: Docupedia-Zeitgeschichte, 3.6.2014: http://docupedia.de/zg/wildt_volksgemeinschaft_v1_de_2014 (15.08.2018).

59 Die Abiturprüfung Geschichte. PL-Info 2/2013, S. 11: https://bildung-rp.de/fileadmin/user_upload/bildung-rp.de/downloads/PL/PL-Informationen/Materialien-Downloads/PL_Info_2_2013.pdf (21.3.2018).

60 https://www.kmk.org/fileadmin/Dateien/veroeffentlichungen_beschluesse/1989/1989_12_01-EPA-Geschichte.pdf (23.12.2018)

61 Hettinger, Ulrich (2010): Hermann von Beckerath. Ein preußischer Patriot und rheinischer Liberaler, Krefeld/Göttingen, S. 270 ff.

62 Alle genannten Materialien sind zu finden in: Hensel-Grobe, Meike/Imbsweiler, Philippe (2010): Der Deutsche Bund. Themenheft Geschichte und Geschehen – Oberstufe, Stuttgart-Leipzig, S. 59 ff.

63 Zone of Proximal Development, vgl. Vygothski, Lew S. (1978): Mind in Society. The develpment of higher psychological prcesses, Cambridge, S. 86.

64 https://www.bundestag.de/besuche/ausstellungen/deutscher_dom (10.12.2018).

65 An dieser Stelle werden die Schritte in Anlehnung die Erklärungen der Universität Maastricht zsuammengefasst: maastrichtuniversity.nl/education/why-um/problem-based-learning (30.9.2018).

66 https://sheg.stanford.edu/history-lessons/abraham-lincoln-sac (23.12.2018).

67 Zu anderen Ansätzen vgl. Schreiber, Waltraud et al. (2013): Das multimediale Schulbuch – kompetenzorientiert, individualisierbar und konstruktionstransparent, in: Dies. (Hg.): Analyse von Schulbüchern als Grundlage empirischer Geschichtsdidaktik, Stuttgart.

68 Zu dieser Forschungsfrage vgl. Kißener, Michael (2005): Das Dritte Reich, Darmstadt, S. 67.

Literatur

Anderson, Benedict (2006): Imagined Communities. Reflections on the Origin and Spread of Nationalism, 2. Aufl., London.

Anderson, Lorin W./Krathwohl, David R./Bloom, Benjamin S. (2001): Taxonomy for Learning, Teaching and Assessing, New York.

Ashby, Rosalyn/Lee, Peter (1987): Children's Concepts of Empathy and Understanding in History, in: Portal, Christopher (Hg.): The History Curriculum for Teachers, London, S. 62–88.

Assmann, Jan (1988): Kollektives Gedächtnis und kulturelle Identität, in: Assmann, Jan (Hg.): Kultur und Gedächtnis, Frankfurt/M., S. 9–19.

Assmann, Aleida (2011): Erinnerungsräume. Formen und Wandlungen des kulturellen Gedächtnisses, 5. Aufl., München.

Assmann, Jan (2018): Das kulturelle Gedächtnis. Schrift, Erinnerung und politische Identität in frühen Hochkulturen, 8. Aufl., München.

Barricelli, Michele (2005): Schüler erzählen Geschichte. Narrative Kompetenz im Geschichtsunterricht, Schwalbach/Ts.

Barricelli, Michele (2007): Problemorientierung, in: Mayer, Ulrich et al. (Hg.): Handbuch Methoden im Geschichtsunterricht, 2. Aufl., Schwalbach/Ts., 78–90.

Barricelli, Michele (2012): Darstellungskonzepte von Geschichte im Unterricht, in: Ders./Lücke, Martin (Hg.): Handbuch Praxis des Geschichtsunterrichts, Bd. 2, Schwalbach/Ts., S. 202–223.

Barricelli, Michele (2015a): Thematische Strukturierungskonzepte, in: Günther-Arndt, Hilke/Handro, Saskia (Hg.): Geschichts-Methodik. Handbuch für die Sekundarstufe I und II. 5., überarb. Aufl., Berlin, S. 44–60.

Barricelli, Michele (2015b): Worte zur Zeit. Historische Sprache und narrative Sinnbildung im Geschichtsunterricht, in: Zeitschrift für Geschichtsdidaktik 14, S. 25–46.

Barricelli, Michele/Lücke, Martin (Hg.): Handbuch Praxis Geschichtsunterricht, 2 Bde., Schwalbach/Ts.

Barricelli, Michele/Sauer, Michael (2006): „Was ist guter Geschichtsunterricht?“ Fachdidaktische Kategorien zur Beobachtung und Analyse von Geschichtsunterricht, in: Geschichte in Wissenschaft und Unterricht 57/1, S. 4–26.

Barton, Keith C./Levstik, Linda S. (2004): Teaching History for the Common Good, London.

Baumgärtner, Ulrich (2015): Wegweiser Geschichtsdidaktik. Historisches Lernen in der Schule, Paderborn.

Becker, Axel (2010): Urteilsbildung im Geschichtsunterricht aus erzähltheoretischer Sicht, in: Handro, Saskia (Hg.): Geschichte und Sprache, Münster, S. 131–138.

Becker, Axel (2012): Historische Urteilsbildung, in: Barricelli, Michele/Lücke, Martin (Hg.): Handbuch Praxis des Geschichtsunterrichts, Bd. 2, Schwalbach/Ts., S. 316–325.

Bergmann, Klaus (1993): „So viel Geschichte wie heute war nie" – Historische Bildung angesichts der Allgegenwart von Geschichte, in: Schwarz, Angela (Hg.): Politische Sozialisation und Geschichte. Hagen, S. 209–228.

Bergmann, Klaus (2007): Gegenwarts- und Zukunftsbezug, in: Mayer, Ulrich et al. (Hg.): Handbuch Methoden im Geschichtsunterricht, 2. Aufl., Schwalbach/Ts., S. 91–112.

Bergmann, Klaus (32012): Der Gegenwartsbezug im Geschichtsunterricht, Schwalbach/Ts.

Bernhard, Roland et al. (2017): Was ist ein historischer Mythos? Versuch einer Definition aus kulturwissenschaftlicher und geschichtsdidaktischer Perspektive, in: Dies. (Hg.): Mythen im deutschsprachigen Geschichtsunterricht. Von Marathon bis zum Élysée-Vertrag, Göttingen, S. 11–30.

Blow, Frances (2011): Everything Flows and Nothing Stays. How Students Make Sense of the Historical Concepts of Change, Continuity and Development, in: Teaching History 145, S. 47–56.

Borries, Bodo von (2002): Lehr-/Lernforschung in europäischen Nachbarländern – ein Stimulus für die deutschsprachige Geschichtsdidaktik?, in: Handro, Saskia/Schönemann, Bernd (Hg.): Methoden geschichtsdidaktischer Forschung, Münster/Hamburg/London, S. 13–49.

Borries, Bodo von (2005): Schulbuchverständnis, Richtlinienbenutzung und Reflexionsprozesse im Geschichtsunterricht. Eine qualitativ-quantitative Schüler- und Lehrerbefragung im deutschsprachigen Bildungswesen 2002, Neuries.

Borries, Bodo von (2008): Historisch Denken lernen, Opladen/Farmington Hills.

Borries, Bodo von (2012): Unterrichtsplanung – Artikulationsschemata – Lehrervorbereitung, in: Barricelli, Michele/Lücke, Martin (Hg.): Handbuch Praxis des Geschichtsunterrichts, Bd. 2, Schwalbach/Ts., S. 181–201.

Borries, Bodo von/Tornow, Lutz (2001): Fremdverstehen durch systematische Einübung in Perspektivenwechsel? Von gelegentlich ‚multiperspektivischer‘ Quellenarbeit zu konsequent ‚kontroverser‘ Behandlung, in: Körber, Andreas (Hg.): Interkulturelles Geschichtslernen. Geschichtsunterricht unter den Bedingungen von Einwanderung und Globalisierung. Konzeptionelle Überlegungen und praktische Ansätze, Münster.

Bostic, Jonathan/Vostal, Brooks/Ruffer, Brady (2014): Promoting Freedom Through Problem-Based Learning, Ohio Social Studies Review 51/1, S. 70–83.

Boxtel, Carla van/Drie, Jannet van (2013): Historical Reasoning in the Classroom. What does it look like and how can we enhance it? In: Educational Psychology Review 150, S. 44–52.

Boxtel, Carla van/Drie, Jannet van (2018): Historical Reasoning. Conceptualizations and Educational Applications, in: Metzger, Scott A./McArthur Harris, Lauren (Hg.): The Wiley International Handbook of History Teaching and Learning, Medford, S. 149–176.

Boxtel, Carla van/Grever, Maria/Klein, Stephan (2016): The Appeal of Heritage in Education, in: Dies. (Hg.): Sensitive Pasts. Questioning Heritage in Education, New York/Oxford, S. 1–19.

Brauer, Juliane (2013): Empathie und historische Alteritätserfahrungen, in: Dies./Lücke, Martin (Hg.): Emotionen, Geschichte und historisches Lernen. Geschichtsdidaktische und geschichtskulturelle Perspektiven, Göttingen, S. 75–92.

Buck, Thomas M. (2012): Lebenswelt- und Gegenwartsbezug, in: Barricelli, Michele/Lücke, Martin (Hg.): Handbuch Praxis des Geschichtsunterrichts, Bd. 2, Schwalbach/Ts., S. 289–301.

Caravita, Silvia/Halldén, Ola (1994): Re-Framing the Problem of Conceptual Change, in: Learning and instruction 4/1, S. 89–111.

Carretero, Mario/Kriger, Miriam (2011): Historical Representations and conflicts about indigenous people as national identities, in: Culture and Psychology 17/2, S. 177–195.

Carretero, Mario/Lee, Peter (2014): Learning Historical Concepts, in: Sawyer, Keith R. (Hg.): The Cambridge Handbook of the Learning Sciences, 2. Aufl., New York, S. 587–604.

Carretero, Mario et al. (2011): Conceptual Change and Historical Narratives about the Nation. A Theoretical and Empirical Approach, in: Vosniadou, Stella (Hg.): International Handbook of Research on Conceptual Change, London.

Chambers, Christopher (2006): Teaching Causal Reasoning, in: Hunt, Martin (Hg.): A Practical Guide to Teaching History in the Secondary School, London/New York, S. 49–58.

Chapman, Arthur (2003): Camels, Diamonds and Counterfactuals, in: Teaching History 112, S. 46–53.

Chapman, Arthur (2016): Developing Historical and Metahistorical Thinking in History Classrooms. Some Reflections on Research and Practice, in: HSSE Online: Research and Practice in Humanities and Social Studies Education 5/2, S. 1–17.

Coffin, Caroline (2006): Historical Discourse. The Language of Time, Cause and Evaluation, New York.

Collins, Allan/Brown, John S./Newman Susan E. (1989): Cognitive Apprenticeship. Teaching the Crafts of Reading, Writing, and Mathematics, in: Resnick, Lauren B. (Hg.): Knowing, Learning and Instruction. Essays in Honor of Robert Glaser, Hillsdale/New Jersey, S. 453–492.

Collins, Allan/Kapur, Manu (2014): Cognitive Apprenticeship, in: Sawyer, Keith R. (Hg.): The Cambridge Handbook of the Learning Sciences, 2. Aufl., New York, S. 109–127.

Conrad, Franziska (2011): Perspektivenübernahme, Sachurteil und Werturteil, in: Geschichte lernen, 24/139, S. 2–11.

Counsell, Christine (2004a): Looking through a Josephine-Butler-Shaped Window. Focusing Pupils' Thinking on Historical Significance, in: Teaching History 114, S. 30–36.

Counsell, Christine (2004b): History and Literacy in Y7. Building the lesson around the text. London.

Counsell, Christine (2011): What do We Want Students to Do with Historical Change and Continuity? In: Davies, Ian (Hg.): Debates in History Teaching, London/New York, S. 109–123.

Cunningham, Deborah L. (2004): Empathy without illusions, in: Teaching History 114, S. 24–29.

Dahl, Clemens (1990): Aus der Praxis des problemorientierten Geschichtsunterrichts in der Sekundarstufe I, in: Uffelmann, Uwe (Hg.): Problemorientierter Geschichtsunterricht. Grundlegung und Konkretion, Villingen-Schwenningen, S. 188–204.

De la Paz, Susan et al. (2014): Developing Historical Reading and Writing With Adolescent Readers: Effects on Student Learning, in: Theory and Research in Social Education 42/2, 228–274.

De la Paz, Susan/Monte-Sano, Chauncey (2016): A Historical Writing Apprenticeship for Adolescents, integrating Disciplinary Learning With Cognitive Strategies, in: Reading Research 52/1, S. 31–52.

De Wever, Bruno et al. (2011): Historical education and didactics of history in Belgium, in: Erdmann, Elisabeth/Hasberg, Wolfgang (Hg.): Facing, mapping, bridging diversity: Foundation of a European discourse on history education. Schwalbach, S. 45–90.

Demantowsky, Marko (2015): Unterrichtsmethodische Strukturierungskonzepte, in: Günther-Arndt (2015), S. 61–74.

Depkat, Volker (2011): Ein schwieriges Genre: Zum Ort der Biografik in der Arbeitergeschichtsschreibung, in: Journal of Social History and the History of Social Movements 45, S. 21–35.

Dressler, Bernhard (2013): Bildungsprozesse im Wechsel der Perspektiven von Teilnahme und Beobachtung, in: Laging, Rolf/Kuhn, Peter (Hg.): Bildungstheorie und Sportdidaktik, Wiesbaden, S. 293–315.

Drie, Jannet van/Boxtel, Carla van (2008): Historical Reasoning. Towards a Framework for Analyzing Students' Reasoning about the Past, in: Educational Psychology Review 20/2, S. 87–110.

Drie, Jannet van/Boxtel, Carla van/Braaksma, Martine (2014): Writing to Engage Students in Historical Reasoning, in: Klein, Perry D. et al. (Hg.): Writing as a Learning Activity, Leiden, S. 94–119.

Duquette, Catherine (2015): Relating Historical Consciousness to Historical Thinking through Assessment, in: Ercikan, Kadriye/Seixas, Peter C. (Hg.): New Directions in Assessing Historical Thinking, New York, S. 51–63.

Eberle, Franz et al. (2009): Instrumenten- und Skalendokumentation zum Forschungsprojekt „Anwendungs- und problemorientierter Unterricht in gymnasialen Lehr-/Lernumgebungen (APU)“, Zürich.

Endacott, Jason/Brooks, Sarah (2013): An Updated Theoretical and Practical Model for Promoting Historical Empathy, in: Social Studies Research and Practice 8/1, S. 41–58.

Erbar, Ralph (2017): Kompetenzorientierte Arbeitsaufträge im Fach Geschichte, in: VHD Journal 6, S. 34–37.

Evans, Jennifer/Pate, Gemma (2007): Does Scaffolding Make Them Fall? Reflecting on Strategies for Developing Causal Argument in Years 8 and 11, in: Teaching History 128, S. 18–30.

Fenn, Monika 2014: Mythen ade! Conceptual Change im Geschichtsunterricht, in: Public History Weekly 12/2: DOI: dx.doi.org/10.1515/phw-2014-17 (23.12.2018).

Foster, Rebecca (2008): Speed cameras, dead ends, drivers and diversions: Year 9 use a ‚road map‘ to problematise change and continuity, in: Teaching History 131, S. 4–8.

François, Etienne (2013): Sich der Herausforderung der europäischen Erinnerungen stellen, in: Hahn, Hans Henning/Traba,Robert (Hg.): Deutsch-Polnische Erinnerungsorte, Bd. 4, Paderborn, S. 69–76.

Fried, Johannes (2012): Der Schleier der Erinnerung. Grundzüge einer historischen Memorik, München.

Frings, Andreas (2008): Erklären und Erzählen: Narrative Erklärungen historischer Sachverhalte. In: Ders. (Hg.): Erzählen, erklären, verstehen: Beiträge zur Wissenschaftstheorie und Methodologie der Historischen Kulturwissenschaften (Beiträge zu den Historischen Kulturwissenschaften; 3), Berlin.

Füßmann, Klaus (1994): Historische Formungen. Dimensionen der Geschichtsdarstellung, in: Füßmann, Klaus et al. (Hg.): Historische Faszination. Geschichtskultur heute, Köln, S. 3–26.

Gautschi, Peter (Hg.). (2007: Geschichtsunterricht heute. Eine empirische Analyse ausgewählter Aspekte, Bern.

Gautschi, Peter (2009): Guter Geschichtsunterricht. Grundlagen, Erkenntnisse, Hinweise, Schwalbach/Ts.

Gautschi, Peter (2015): Vom Nutzen des Biografischen für das historische Lernen, in: Wyss, Reto (Hg.): Menschen mit Zivilcourage. Mut, Widerstand und verantwortliches Handeln in Geschichte und Gegenwart, Luzern, S. 171–191.

Gautschi, Peter/Hodel, Jan/Utz, Hans (2009): Kompetenzmodell für „Historisches Lernen" – eine Orientierungshilfe für Lehrerinnen und Lehrer, https://www.researchgate.net/publication/268378567_Kompetenzmodell_fur_Historisches_Lernen_-_eine_Orientierungshilfe_fur_Lehrerinnen_und_Lehrer (23.12.2018).

Goetz, Hans-Werner (2003): Die historische Fragestellung in ihrer Bedeutung für die Theorie und Methode der Geschichtswissenschaft, in: Hering, Rainer/Nicolaysen, Rainer (Hg.): Lebendige Sozialgeschichte. Gedenkschrift für Peter Borowsky, Wiesbaden, S. 94–101.

Grannemann, Katharina/Oleschko, Sven/Kuchler, Christian: Einleitung, in: Dies. (Hg.): Sprachbildung im Geschichtsunterricht. Zur Bedeutung der kognitiven Funktion von Sprache, Münster, New York 2018, S. 7–12.

Grever, Maria/Adriaansen, Robert-Jan (2017): Historical Culture. A concept Revisited, in: Carretero, Mario/Berger, Stefan/Grever, Maria (Hg.): Palgrave Handbook of Research in Historical Culture and Education, London, S. 73–90.

Günther-Arndt, Hilke (2005): Literacy, Bildung und der Geschichtsunterricht nach PISA 2000, in: Geschichte in Wissenschaft und Unterricht 56, S. 668–683.

Günther-Arndt, Hilke (2006): Conceptual Change-Forschung: Eine Aufgabe für die Geschichtsdidaktik? In: Günther-Arndt, Hilke/Sauer, Michael (Hg.): Geschichtsdidaktik empirisch. Untersuchungen zum historischen Denken und Lernen. Berlin (Zeitgeschichte-Zeitverständnis, Bd. 14), S. 251–277.

Günther-Arndt, Hilke (2014): Methodik des Geschichtsunterrichts, in: Günther-Arndt, Hilke/Zülsdorf-Kersting, Meik (Hg.): Geschichts-Didaktik. Praxishandbuch für die Sekundarstufe I und II, 6. Aufl., Berlin, S. 166–203.

Günther-Arndt, Hilke (2015): Ein neuer geschichtsdidaktischer Medienbegriff angesichts des digitalen Wandels?, in: Christoph Pallaske (Hg.): Medien machen Geschichte. Neue Anforderungen an den geschichtsdidaktischen Medienbegriff im digitalen Wandel. Berlin, S. 17–36

Günther-Arndt, Hilke (2016): „Also irgendetwas muss schief laufen für eine Veränderung." Schülervorstellungen zur Geschichte und zu Kompetenzen historischen Denkens, in: Handro, Saskia/Schönemann, Bernd (Hg.): Aus der Geschichte lernen? Weiße Flecken der Kompetenzdebatte, Berlin, S. 93–111.

Halldén, Ola (1997): Conceptual change and the learning of history, in: International Journal of Educational Research 27/3, S. 201–210.

Hammond, Jennifer/Gibbons, Pauline (2001): What is Scaffolding? In: Hammond, Jennifer (Hg.): Scaffolding: Teaching and Learning in Language and Literacy Education, Newtown, S. 1–14.

Handro, Saskia (2015a): Historische Erkenntnisverfahren, in: Günther-Arndt, Hilke/Handro, Saskia (Hg.): Geschichts-Methodik. Handbuch für die Sekundarstufe I und II, 5., überarb. Aufl., Berlin, S. 24–43.

Handro, Saskia (2015b): Sprachlichkeit historischen Lernens – (k)ein neues Thema?, in: Zeitschrift für Geschichtsdidaktik 14, S. 5–24.

Handro, Saskia (2015c): Sprache(n) und historisches Lernen. Eine Einführung, in: Zeitschrift für Geschichtsdidaktik 14, S. 5–24.

Handro, Saskia (2018): Sprachbildung im Geschichtsunterricht. Leerformel oder Lernchance?, in: Grannemann, Katharina/Oleschko, Sven/Kuchler, Christian (Hg.): Sprachbildung im Geschichtsunterricht. Zur Bedeutung der kognitiven Funktion von Sprache, Münster, New York, S. 13–42

Hartmann, Ulrike; Sauer, Michael; Hasselhorn, Marcus (2009): Perspektivenübernahme als Kompetenz für den Geschichtsunterricht. Theoretische und empirische Zusammenhänge zwischen fachspezifischen und sozialkognitiven Schülermerkmalen, in: Zeitschrift für Erziehungswissenschaft, 12/2, S. 321–342.

Hartung, Olaf (2015): Schreiben, in: Günther-Arndt, Hilke/Handro, Saskia (Hg.): Geschichts-Methodik. Handbuch für die Sekundarstufe I und II, 5., überarb. Aufl., Berlin, S. 221–232.

Hasberg, Wolfgang (2013): Emotionalität historischen Lernens. Einblicke in und Ausblicke auf empirische Forschung, in: Brauer, Juliane/Lücke, Martin (Hg.): Emotionen, Geschichte und historisches Lernen. Geschichtsdidaktische und geschichtskulturelle Perspektiven. Göttingen (Studien des Georg-Eckert-Instituts zur internationalen Bildungsmedienforschung, Bd. 133), S. 47–74.

Hasberg, Wolfgang/Körber, Andreas (2003): Geschichtsbewusstsein dynamisch, in: Andreas Körber (Hg.): Geschichte – Leben – Lernen. Bodo von Borries zum 60. Geburtstag, Schwalbach/Ts., S. 177–200.

Hensel-Grobe, Meike (2012): Problemorientierung und problemlösendes Denken, in: Barricelli, Michele/Lücke, Martin (Hg.): Handbuch Praxis des Geschichtsunterrichts, Bd. 2, Schwalbach/Ts., S. 50–63.

Hensel-Grobe, Meike (2017): Divergierende Geschichtsbilder? Das (Spät-) Mittelalter im Dialog zwischen Universität und Geschichtsunterricht, in: Goerlitz, Uta/Hensel-Grobe, Meike (Hg.): Mediävistik und Schule im Dialog, Das Mittelalter 22, 1/2017, S. 75–92.

Hensel-Grobe, Meike (2018): „Was interessieren mich die toten Leute“? Kompetenzorientierung und Geschichtsunterricht, in: Geschichte in Wissenschaft und Unterricht 61/11–12, S. 639–654.

Hodel, Jan/Waldis, Monika/Zülsdorf-Kersting, Meik/Thünemann, Holger (2013): Schülernarrationen als Ausdruck narrativer Kompetenz, in: Zeitschrift für Didaktik der Gesellschaftswissenschaften 4/2, S. 121–145.

Hmelo-Silver, Cindy (2004): Problem-Based Learning: What and How Do Students Learn?, in: Educational Psychology Review 16/3, S. 235–266.

Hug, Wolfgang (1977): Geschichtsunterricht in der Praxis der Sekundarstufe I. Befragungen, Analysen und Perspektiven, Frankfurt/M.

Jeismann, Karl-Ernst (1980): „Geschichtsbewußtsein“. Überlegungen zur zentralen Kategorie eines neuen Ansatzes der Geschichtsdidaktik, in: Süssmuth, Hans (Hg.): Geschichtsdidaktische Positionen. Bestandsaufnahme und Neuorientierung, Paderborn, S. 179–222.

John, Anke (2011): Disziplin am Scheideweg. Die Neubestimmung der Geschichtsdidaktik in den 1970er Jahren, in: Barricelli, Michele/Becker, Axel/Heuer, Christian (Hg.): Jede Gegenwart hat ihre Gründe. Geschichtsbewusstsein. Historisches Lebenswelt und Zukunftserwartungen im frühen 21. Jahrhundert. Festschrift für Hans-Jürgen Pandel, Schalbach/Ts, S. 192–213.

Jonassen, David H. (2011a): Learning to Solve Problems. A Handbook for Designing Problem-Solving Learning Environments, New York.

Jonassen, David H. (2011b): Supporting Problem Solving in PBL, in: The Interdisciplinary Journal of Problem-Based Learning 5/2, S. 95–119.

Jordan, Stefan (2016): Theorien und Methoden der Geschichtswissenschaft, 3. Aufl., Paderborn.

Kitson, Alison/Husband, Chris/Steward, Susan (2011): Teaching and Learning History 11–18. Understanding the Past, New York.

Klafki, Wolfgang (1992): Allgemeinbildung in der Grundschule und der Bildungsauftrag des Sachunterrichts, in: Lauterbach, Roland et al. (Hg.): Brennpunkte des Sachunterrichts, Kiel, S. 11–31.

Klieme, Eckhard et al. (2003): Zur Entwicklung nationaler Bildungsstandards. Eine Expertise, Bonn, Berlin.

Kollmann, Catrin B. (2014): Historische Jubiläen als kollektive Identitätskonstruktion. Ein Analyseraster für Organisationen, Wissenschaftler und Besucher, Stuttgart.

Körber, Andreas/Meyer-Hamme, Johannes (2008): Interkulturelle historische Kompetenz? Zum Verhältnis von Interkulturalität und Kompetenzorientierung im Geschichtslernen, in: Bauer, Jan Patrick et al. (Hg.): Geschichtslernen-Innovationen und Reflexionen, Kenzingen, S. 307–334.

Koselleck, Reinhart (1972): Einleitung, in: Koselleck, Reinhart/Conze, Werner/Brunner, Otto (Hg.): Geschichtliche Grundbegriffe. Historisches Lexikon zur politisch-sozialen Sprache in Deutschland. Bd. 1, Stuttgart, S. XII-XXVII.

Koselleck, Reinhart et al (1992): Volk, Nation, Nationalismus, Masse, in: Koselleck, Reinhart/Conze, Werner/Brunner, Otto (Hg.): Geschichtliche Grundbegriffe. Historisches Lexikon zur politisch-sozialen Sprache in Deutschland. Bd. 7, Stuttgart.

Köster, Manuel (2013): Historisches Textverstehen. Rezeption und Identifikation in der multiethnischen Gesellschaft, Berlin.

Köster, Manuel/Markus, Bernhardt/Thünemann, Holger (2016): Aufgaben im Geschichtsunterricht. Typen, Gütekriterien und Konstruktionskriterien, in: Geschichte lernen 29/174, S. 2–11.

Kühberger, Christoph/Mellies, Dirk (2009): Inventing the EU. Zur De-Konstruktion von „fertigen Geschichten" über die EU in deutschen, polnischen und österreichischen Schulgeschichtsbüchern, Schwalbach/Ts.

Lee, Peter (2004): Understanding History and Understanding the Past, in: Seixas, Peter (Hg.): Theorizing Historical Consciousness, 2. Aufl., Toronto/Buffalo/London, S. 129–155.

Lee, Peter (2005): Putting Principles into Practice. Understanding History, in: Donovan, Suzanne/Bransford, John D. (Hg.): How Students Learn. History in the Classroom, Washington D.C., S. 31–78.

Lee, Peter/Ashby, Rosalyn (2000): Progression in Historical Understanding Among Students Age 7–14, in: Stearns, Peter N./Seixas, Peter/Wineburg, Samuel (Hg.): Knowing, Teaching and Learning History. National and International Perspectives, London, S. 199–222.

Lee, Peter/Shemilt, Denis (2003): A scaffold, not a cage: progression and progression models in history, in: Teaching History, 113, S. 13–23.

Legardez, Alain (2006): Eseigner des questions socialement vives. Quelques points de repères, in: Ders./Simmonneaux, Jean: L'école à l'épreuve de l'actualité. Enseigner des questions vives, Paris, S. 19–31.

Lévesque, Stéphane (2008): Thinking Historically. Educating Students for the Twenty-First Century, Toronto/Buffalo/London.

Limón, Margarita (2002): Conceptual Change in History, in: Limón, Margarita/Mason, Lucia (Hg.): Reconsidering Conceptual Change. Issues in Theory and Practice, Dordrecht/Boston/London, S. 259–289.

Logtenberg, Albert/Boxtel, Carla van/Hout-Wolters, Bernadette van (2011): Stimulating Situational Interest and Student Questioning Though Three Types of Historical Introductory Texts, in: European Journal of Psychology of Education 26, S. 179–198.

Lu, Jingyan/Bridges, Susan/Hmelo-Silver, Cindy E. (2014): Problem-Based Learning, in: Sawyer, Keith R. (Hg.): The Cambridge Handbook of the Learning Sciences, 2. Aufl., New York, S. 298–318.

Maggioni, Liliana/VanSledright, Burce/Alexander, Patricia (2009): Walking on the Borders. A Measure of Epistemic Cognition in Historiy, in: The Journal of Experimental Education 77/3, S. 187–213.

Martin, Daisy/Wineburg, Sam (2008): Seeing Thinking on the Web, in: History Teacher 41/3, S. 305–319.

Massey, Dixie D. (2015): Reading History. Moving from Memorizing Facts to Critical Thinking, in: Santi, Kristi L./Reed, Deborah K. (Hg.): Improving Reading Comprehension of Middle and High School Students, Heidelberg/New York/Dordrecht/London, S. 19–48.

Mayer, Richard/Wittrock, Merlin C. (1996): Problem-solving transfer, in: Berliner, D.C./Calfee, R.C. (Hg.): Handbook of educational psychology, New York, S. 47–62.

Mehr, Christian/Werner, Kerstin (2012): Geschichtstexte verstehen. Sinnerschließendes Lesen als historisches Lernen, in: Geschichte lernen 148, S. 2–11.

Meyer-Hamme, Johannes (2012): Historische Identität in einer kulturell heterogenen Gesellschaft, in: Michele/Martin Lücke Barricelli (Hg.): Handbuch Praxis des Geschichtsunterrichts, Bd. 1. Schwalbach/Ts., S. 89–97.

Meyer, Meinert/Meyer, Hilbert (2007): Wolfgang Klafki. Eine Didaktik für das 21. Jahrhundert?, Beltz.

Mierwald, Marcel/Brauch, Nicola (2015): Historisches Argumentieren als Ausdruck historischen Denkens. Theoretische Fundierung und empirische Annäherungen, in: Zeitschrift für Geschichtsdidaktik 14, S. 104–120.

Monte-Sano, Chauncey (2008): Qualities of Historical Writing Instruction. A Comparative Case Study of Tow Teachers' Practices, in: American Educational Research Journal 45, S. 1045–1079.

Monte-Sano, Chauncey/De La Paz, Susan/Felton, Mark (2014): Reading, Thinking and Writing about History. Teaching Argument Writing to Diverse Learners in the Common Core Classroom, Grades 6–12, New York/London.

Monte-Sano, Chauncey et al. (2016): A Historical Writing Apprenticeship for Adolescents, integrating Disciplinary Learning with Cognitive Strategies, in: Reading Research Quarterly 52/1, S. 31–52.

Müller, Claude (2008): Gestaltung von problembasierten Lernumgebungen (Problem-based Learning) aus motivations- und kognitionspsychologischer Sicht, in: Netzwerk – Zeitschrift der Wirtschaftsbildung Schweiz 1, S. 20–33.

Müller Werder, Claude (2013). Problem-based Learning erfolgreich gestalten. In: Bachmann, Hermann (Hg.): Hochschullehre variantenreich gestalten. Ansätze, Methoden und Beispiele rund um Kompetenzorientierung, Bern, S. 50–77.

Münkler, Herfried (2008): Geschichtsmythen und Nationenbildung, in: Dossier Geschichte und Erinnerung (http://www.bpb.de/geschichte/zeitgeschichte/geschichte-und-erinnerung/39792/geschichtsmythen?p=all (23.12.2018).

Münkler, Herfried (2009): Die Deutschen und ihre Mythen, Berlin.

Nipperdey, Thomas (1968): Nationalidee und Nationaldenkmal in Deutschland im 19. Jahrhundert, in: Historische Zeitschrift 206/1, S. 529–585.

Nipperdey, Thomas (1972): Über Relevanz, in: Geschichte in Wissenschaft und Unterricht, 23, S. 577–596.

Nokes, Jeffery D. (2010): Reimagining Literacy for History Classrooms, in: Draper, Roni Jo/Broomhead, Paul/Jensen, Amy Petersen/Nokes, Jeffery D./Siebert, Daniel (Hg.): (Re)Imagining Literacies for Content-Area Classrooms, New York, S. 54–68.

Nora, Pierre (1997): Introduction. In: Ders. (Hg.): Les Lieux de mémoire. 3 Bde. Paris, 9–18.

Oepke, Maren et al. (2008): Anwendungs- und problemorientierter Unterricht (APU). Ein Unterrichtsforschungsprojekt an deutschschweizerischen Gymnasien in den Fächern „Wirtschaft & Recht" und „Geographie", in: Münk, Dieter et al. (Hg.): Modernisierung der Berufsbildung. Neue Forschungserträge und Perspektiven der Berufs- und Wirtschaftspädagogik. Opladen/Farmington Hills (Schriftenreihe der Sektion BWP der DGfE), S. 110–119.

Oexle, Otto G. (1996): Geschichte als historische Kulturwissenschaft, in: Wolfgang Hardtwig/Hans-Ulrich Wehler (Hg.): Kulturgeschichte Heute, Göttingen, S. 14–40.

Opgenoorth, Ernst/Schulz, Günther (2010): Einführung in das Studium der Neueren Geschichte. von Opgenoorth, 7. Aufl., Paderborn.

Oswalt, Vadim (2010): Das Wo zum Was und Wann. Der „Spatial turn" und seine Bedeutung für die Geschichtsdidaktik, in: Geschichte in Wissenschaft im Unterricht, 41/4, S. 220–233.

Oswalt, Vadim (2016): Planung von Unterrichtseinheiten. Wie man Geschichte (an)ordnen kann, Schwalbach/Ts.

Pandel, Hans-Jürgen (1990): Geschichtsdidaktik und Problemorientierter Geschichtsunterricht. Eine Einführung, in: Uwe Uffelmann (Hg.): Problemorientierter Geschichtsunterricht. Grundlegung und Konkretion, Villingen-Schwenningen 1990, S. 7–17.

Pandel, Hans-Jürgen (2005): Geschichtsunterricht nach PISA. Kompetenzen, Bildungsstandards und Kerncurricula, Schwalbach/Ts.

Pandel, Hans-Jürgen (2006a): Problemorientierung, in: Mayer, Ulrich et al (Hg.): Wörterbuch Geschichtsdidaktik, Schwalbach/Ts., S. 144–145.

Pandel, Hans-Jürgen (2006b): Didaktische Darstellungsprinzipien. Ein alter Sachverhalt im neuen Licht, in: Bernhardt, Markus/Henke-Bockschatz, Gerhard/Sauer, Michael (Hg.): Bilder – Wahrnehmungen – Konstruktionen. Reflexionen über Geschichte und historisches Lernen. Festschrift für Ulrich Mayer, Schwalbach/Ts, S. 152–168.

Pandel, Hans-Jürgen (2010): Historisches Erzählen. Narrativität im Geschichtsunterricht, Schwalbach/Ts. (Methoden Historischen Lernens).

Pandel, Hans-Jürgen (2013): Geschichtsdidaktik. Eine Theorie für die Praxis, Schwalbach/Ts.

Pandel, Hans-Jürgen (2016): Kompetenzen – ein Rückblick nach zwölf Jahren, in: Geschichte für heute 9/3, S. 20–34.

Pandel, Hans-Jürgen (2017): Geschichtstheorie. Eine Historik für Schülerinnen und Schüler – aber auch für ihre Lehrer, Schwalbach/Ts.

Rantalla, Jukka (2011): Assessing historical empathy through simulation: How do Finnish teacher students achieve contextual historical empathy?, in: Nordidactica : Journal of Humanities and Social Science Education, 1/1, S. 58–76.

Reinmann, Gabi/Mandl, Heinz (2006): Unterrichten und Lernumgebung gestalten, in: Krapp, Andreas/Weidenmann, Bernd (Hg.): Pädagogische Psychologie. 5. Aufl., Weinheim, S. 613–658.

Reinmann-Rothmeier, Gabi/Mandl, Heinz 2001: Unterrichten und Lernumgebung gestalten, in: Krapp, Andreas/Weidenmann, Bernd (Hg.): Pädagogische Psychologie, 4. Aufl., Weinheim, S. 601–646.

Reiser, Brian J./Tabak, Iris (2014): Scaffolding, in: Keith Robert Sawyer (Hg.): The Cambridge Handbook of the Learning Sciences, 2. Aufl., New York, S. 44–62.

Reisman, Avishag (2009): Teaching the Historical Principle of Contextual Causation. A Study of Transfer in Historical Reading, in: Martens, Matthias/Hartmann, Ulrike/Sauer, Michael/Hasselhorn, Marcus (Hg.): Interpersonal Understanding in Historical Context, Rotterdam, S. 46–59.

Reisman, Abby/McGrew, Sarah (2018): Reading in History Education. Text, Sources and Evidence, in: Metzger, Scott A./McArthur Harris, Lauren (Hg.): The Wiley International Handbook of History Teaching and Learning, Medford, S. 529–550

Reusser, Kurt (2005): Problemorientiertes Lernen. Tiefenstruktur, Gestaltungsformen, Wirkung, in: Beiträge zur Lehrerbildung 23/2, S. 159–182.

Ritsert, Jürgen (2009): Schlüsselprobleme der Gesellschaftstheorie, Individuum und Gesellschaft – Soziale Ungleichheit – Modernisierung, Wiesbaden.

Rodriguez-Moneo, Maria/Lopez, Cesar (2017): Concept Acquisition and Conceptual Change in History, in: Carretero, Mario/Berger, Stefan/Grever, Maria (Hg.): Palgrave Handbook of Research in Historical Culture and Education. London, S. 469–490.

Rüsen, Jörn (1983): Historische Vernunft. Grundzüge einer Historik I. Die Grundlagen der Geschichtswissenschaft. Bd. 1, Göttingen.

Rüsen, Jörn (1997): Werturteile im Geschichtsunterricht, in: Bergmann, Klaus et al. (Hg.): Handbuch der Geschichtsdidaktik, Hannover, S. 304–308.

Rüsen, Jörn (2001): Auf dem Weg zu einer Pragmatik der Geschichtskultur, in: Baumgärtner, Ulrich/Schreiber, Waltraud (Hg.): Geschichts-Erzählung und Geschichtskultur – zwei didaktische Leitbegriffe in der Diskussion, München, S. 81–98.

Rüsen, Jörn (2013): Historik. Theorie der Geschichtswissenschaft, Wien.

Rüsen, Jörn (2020): Geschichte denken. Erläuterungen zur Historik, Heidelberg.

Sauer, Michael (2012): Geschichte unterrichten. Eine Einführung in die Didaktik und Methodik, 10., akt. Aufl., Seelze-Velber.

Savery, John R. (2006): Overview of Problem-Based Learning. Definitions and Distinctions, in: Interdisciplinary Journal of Problem-Based Learning 1/1, S. 9–20.

Schmale, Franz-Josef (Bearb.). (1963): Quellen zur Geschichte Kaiser Heinrichs IV. (Ausgewählte Quellen zur deutschen Geschichte des Mittelalters. Freiherr vom Stein-Gedächtnisausgabe, Bd. 12), S. 171 u. 269), Darmstadt.

Schmid, Harald (2008): Konstruktion, Bedeutung, Macht. Zum kulturwissenschaftlichen Profil einer Analyse von Geschichtspolitik, in: Heinrich, Horst-Alfred/Kohlstruck, Michael (Hg.): Geschichtspolitik und sozialwissenschaftliche Theorie, Stuttgart, S. 75–98.

Schmid, Heinz D. (1970): Entwurf einer Geschichtsdidaktik der Mittelstufe, in: Geschichte in Wissenschaft und Unterricht 21, S. 67–72.

Schönemann, Bernd (2000): Geschichtsdidaktik und Geschichtskultur, in: Mütter, Bernd/Schönemann, Bernd (Hg.): Geschichtskultur. Theorie-Empirie-Pragmatik, Weinheim, S. 26–58.

Schönemann, Bernd (2006): Geschichtskultur als Wiederholungskultur? In: Geschichte, Politik und ihre Didaktik, S. 182–191.

Schreiber, Waltraud (2002): Reflektiertes und (selbst-)reflexives Geschichtsbewusstsein durch Geschichtsunterricht fördern – ein vielschichtiges Forschungsfeld der Geschichtsdidaktik, in: Zeitschrift für Geschichtsdidaktik 1, S. 18–43.

Schreiber, Waltraud (2005a): „Durch Vergleiche lernen – Vergleichen lernen“, in: Waltraud Schreiber (Hg.): Der Vergleich – Eine Methode zur Förderung historischer Kompetenzen, Neuried, S. 31–60.

Schreiber, Waltraud (2005b): Historisches Lernen und Lebensweltbezug. In:

Weber, Barbara et al. (Hg.): Phänomenologische Dimensionen der Bildungsanthropologie, Regensburg, S. 311–323.

Schreiber, Waltraud et al. (2006): Historisches Denken. Ein Kompetenz-Strukturmodell, 2. Aufl., Neuried.

Seel, Norbert, M. (2003): Psychologie des Lernens. Lehrbuch für Pädagogen und Psychologen, 2. Aufl., Paderborn.

Seidel, Tina/Reiss, Kristina (2006): Lerngelegenheiten im Unterricht, in: Krapp, Andreas/Weidenmann, Bernd (Hg.): Pädagogische Psychologie, 5. Aufl., Weinheim.

Seixas, Peter (2016): A History/Memory Matrix for History Education, in: Public History Weekly 6: DOI: dx.doi.org/10.1515/phw-2016-5370 (23.12.2018).

Seixas, Peter (2017): Historical Consciousness and Historical Thinking, in: Carretero, Mario/Berger, Stefan/Grever, Maria (Hg.): Palgrave Handbook of Research in Historical Culture and Education, London, S. 59–72.

Seixas, Peter/Morton, Tom (2013): The Big Six Historical Thinking Concepts, Toronto.

Sellin, Volker (2005): Einführung in die Geschichtswissenschaft, Göttingen.

Shanahan, Timothy/Shanahan, Cynthia (2008): Teaching Disciplinary Literacy to Adolescents. Rethinking Content-Area Literacy, in: Harvard Educational Review 78/1, S. 40–59.

Shemilt, Denis (1980): History 13–16. Evaluation Study, Edinburgh.

Shemilt, Denis (2000): The Caliph's coin: The currency of narrative frameworks in history teaching, in: Stearns, Peter N./Seixas, Peter/Wineburg, Sam (Hg.): Knowing, Teaching, and Learning History: National and International Perspectives, New York, S. 83–101.

Simmonneaux, Jean/Legardez, Alain: The Epistemological and Didactical Challenges Involved in Teaching Socially Acute Questions. The example of Globalization. In: Journal of Social Science Education 9, 4, S. 24–35.

Stolz, Peter (2009): Die Leitfrage im Geschichtsunterricht: Schülerfrage oder Lehrerkonstrukt? In: geschichte für heute 3, S. 38–46.

Thünemann, Holger (2009): Fragen im Geschichtsunterricht. Forschungsstand und Forschungsperspektiven, in: Zeitschrift für Geschichtsdidaktik 8, S. 115–124.

Thünemann, Holger (2013): Historische Lernaufgaben. Theoretische Überlegungen, empirische Befunde und forschungspragmatische Perspektiven, in: Zeitschrift für Geschichtsdidaktik 12/1, S. 141–155.

Uffelmann, Uwe (1990): Problemorientierter Geschichtsunterricht. Grundlegung und Konkretion, Villingen-Schwenningen.

Uffelmann, Uwe (1997): Problemorientierter Geschichtsunterricht, in: Bergmann, Klaus et al. (Hg.): Handbuch Geschichtsdidaktik, 5. Aufl., Seelze-Velber, S. 282–287.

Uffelmann, Uwe (1998): Problemfindung, Problemlösung, Reflexion. Problemorientierter Geschichtsunterricht in der Schulpraxis, in: Praxis Geschichte 5, S. 4–7 und 37–30.

Uffelmann, Uwe (1999a): Gestaltpädagogik und Problemorientierter Geschichtsunterricht, in: Uffelmann, Uwe (Hg.): Neue Beiträge zum Problemorientierten Geschichtsunterricht, Idstein, S. 149–166.

Uffelmann, Uwe (1999b): Problemfindung, Problemlösung, Reflexion. Problemorientierter Geschichtsunterricht in der Schulpraxis, in: Ebd., S. 21–24.

Uffelmann, Uwe (2004): Problemorientierung, in: Mayer, Ulrich/Pandel, Hans-Jürgen/Schneider, Gerhard (Hg.): Handbuch Methoden im Geschichtsunterricht. Schwalbach/Ts, S. 78–90.

VanSledright, Bruce (2004): What does it Mean to Think Historically ... and How Do You Teach It, in: Research and Practice. Social Education 68/3, S. 230–233.

VanSledright, Bruce (2010): The Challenge of Rethinking History Education on Practices, Theories, and Policy, New York.

VanSledright, Bruce/Reddy, Kimberly (2014): Changing Epistemic Beliefs? An Exploratory Study of Cognition Among Prospective History Teachers, in: Tempo & Argumento 11. http://dx.doi.org/10.5965/2175180306112014028 (20.12.2019).

Voet, Michiel (2017): Inquiry-based learning in history education: Exploring teachers' beliefs, knowledge and use of technology, and preparing future teachers for implementation in class. Ghent 2017. http://hdl.handle.net/1854/LU-8521306 (14.2.2020).

Waldis, Monika/Hodel, Jan/Fink, Nadine (2012): Qualität von Lernaufgaben im Geschichtsunterricht. Eine empirische Analyse von Videodaten. Zeitschrift für Didaktik der Gesellschaftswissenschaften, 2(4), S. 142–157.

Wehler, Hans-Ulrich (1998): Die Herausforderung der Kulturgeschichte, München.

Wehler, Hans-Ulrich (2001): Nationalismus. Geschichte, Formen, Folgen, München.

Wellenreuther, Martin (2004): Lehren und Lernen – aber wie? Empirisch-experimentelle Forschungen zum Lehren und Lernen im Unterricht, Hohengehren.

Wenzel, Birgit (2012a): Aufgaben im Geschichtsunterricht, in: Hilke Günther-Arndt (Hg.): Geschichts-Methodik. Handbuch für die Sekundarstufe I und II, 4. Aufl., Berlin, S. 77–86.

Wenzel, Birgit (2012b): Aufgaben(kultur) und neue Prüfungsformen, in: Barricelli, Michele/Lücke, Martin (Hg.): Handbuch Praxis des Geschichtsunterrichts, Bd. 2, Schwalbach/Ts, S. 23–36.

Wenzel, Brigit (2015): Aufgaben im Geschichtsunterricht, in: Günther-Arndt, Hilke/Handro, Saskia (Hg.): Geschichts-Methodik. Handbuch für die Sekundarstufe I und II, 5. Aufl., Berlin, S. 75–83.

Wenzl, Anna/Schreiber, Waltraud/Schöner, Alexander (2005): Fragekompetenz – Grundlegung, in: Mebus, Sylvia/Schreiber, Waltraud (Hg.): Geschichte denken statt pauken: didaktisch-methodische Hinweise und Materialien zur Förderung historischer Kompetenzen, Meißen, S. 57–69.

Weymar, Ernst (1970): Werturteile im Geschichtsunterricht, in: Geschichte in Wissenschaft und Unterricht 21, S. 198–215.

Wineburg, Samuel (1991a): Historical Problem Solving. A Study of the Cognitive Processes Used in the Evaluation of Documentary and Pictorial Evidence, in: Journal of Educational Psychology 83/1, S. 73–87.

Wineburg, Samuel (1991b): On the Reading of Historical Texts. Notes on the Breach Between School and Academy, in: American Educational Research Journal 28/3, S. 495–519.

Wineburg, Samuel (1998): Reading Abraham Lincoln. An Expert/Expert Study in the Interpretation of Historical Texts, in: Cognitive Science 22/3, S. 319–446.

Wineburg, Samuel (2001): Historical Thinking and other unnatural acts, Philadelphia.

Wineburg, Samuel/Smith, Mark/Breakstone, Joel (2018): What is learned in College History Classes, in: The Journal of American History 104/4, S. 983–993.

Wineburg, Samuel/Daisy, Martin/Chauncey, Monte-Sano 2013: Reading Like a Historian. Teaching Literacy in Middle and High School, New York.

Wobring, Michael/Popp, Susanne (2013): Der europäische Bildersaal. Europa und seine Bilder, Schwalbach/Ts.

Wolfrum, Edgar (2010): Erinnerungskultur und Geschichtspolitik als Forschungsfelder, in: Scheunemann, Jan (Hg.): Reformation und Bauernkrieg. Erinnerungskultur und Geschichtspolitik im geteilten Deutschland, Leipzig, S. 13–47.

Woodcock, James (2005): Does the linguistic release the conceptual? Helping Year 10 to improve their causal reasoning, in: Teaching History 119, S. 5–14.

Woodcock, James (2011): Causal Explanation, in: Ian Davies (Hg.): Debates in History Teaching, London/New York, S. 124–136.

Zech, Michael (2015): Geschichtsunterricht und Identitätsbildung im Spannungsfeld von Individualität, Kulturalität und Globalität, in: Research on Steiner Education 6, S. 133–141.

Zerwas, Marco 2015: Lernort ‚Deutsches Eck'. Zur Variabilität geschichtskultureller Deutungsmuster, Berlin.

Zülsdorf-Kersting, Meik (2011a): Vorstellen und Verstehen. Jugendliche betrachten den Holocaust, in: Handro, Saskia/Schönemann, Bernd (Hg.): Visualität und Geschichte, Berlin, S. 55–68.

Zülsdorf-Kersting, Meik (2011b): Was ist guter Geschichtsunterricht? Qualitätskriterien in der Kontroverse – eine Einführung, in: Geschichte in Wissenschaft und Unterricht 62, 5/6, S. 261–270.

Zwölfer, Norbert (2003): Über die Relevanz von Geschichtsunterricht, in: Informationen für den Geschichts- und Gemeinschaftskundelehrer 66, S. 8–14.